KU-164-446

TROBWYNTIAU
YN HANES CYMRU
1485–1914

Stuart Broomfield ac Euryn Madoc-Jones

Gwasg Prifysgol Cymru
Caerdydd
2004

© ACCAC (Awdurdod Cymwysterau, Cwricwlwm ac Asesu Cymru), 2004 ⓗ

Cedwir pob hawl. Ni cheir atgynhyrchu unrhyw ran o'r cyhoeddiad hwn na'i gadw mewn cyfundrefn adferadwy na'i drosglwyddo mewn unrhyw ddull na thrwy unrhyw gyfrwng electronig, mecanyddol, ffotogopïo, recordio, nac fel arall, heb ganiatâd ymlaen llaw gan Wasg Prifysgol Cymru, 10 Rhodfa Columbus, Maes Brigantîn, Caerdydd, CF10 4UP. Gwefan: **www.cymru.ac.uk/gwasg**

Mae cofnod catalogio'r gyfrol hon ar gael gan y Llyfrgell Brydeinig.

ISBN 0–7083–1843–6 fersiwn Cymraeg
0–7083–1828–2 fersiwn Saesneg

Datganwyd gan Stuart Broomfield ac Euryn Madoc-Jones eu hawliau moesol i gael eu cydnabod yn awduron y gwaith hwn yn unol ag adrannau 77 a 78 o'r Ddeddf Hawlfraint, Dyluniadau a Phatentau 1988.

Cyhoeddwyd gyda chymorth ariannol ACCAC (Awdurdod Cymwysterau, Cwricwlwm ac Asesu Cymru)

Dylunio: Olwen Fowler
Darluniau gwreiddiol: Brett Breckon
Cyfieithu: Glenys Roberts, Araul
Ymchwil lluniau: Sue Charles
Cynhyrchu: Liz Powell, Nicky Roper
Rheolydd project a golygydd:
Ceinwen Jones

Argraffwyd ym Malta
gan Gutenberg Press

ynnwys

Beth yw trobwyniau?

Digwyddiad neu ddatblygiad pwysig iawn yw trobwynt mewn hanes, sy'n achosi newid mawr ym mywydau pobl.

Ydych chi'n gallu cofio symud o'r ysgol gynradd i'r ysgol uwchradd? Achosodd hynny lawer o newid yn eich bywyd. Roedd y cam hwn yn drobwynt yn eich bywyd.

TASG

Mewn grwpiau, trafodwch sut roedd y cam hwn yn drobwynt yn eich bywyd. Mae angen ichi gofio sut fywyd oedd gennych cyn mynd i'r ysgol uwchradd, a sut fywyd sydd gennych ers hynny. Meddyliwch am y pethau hyn: ffrindiau, athrawon, bywyd cymdeithasol, teithio i'r ysgol ac yn y blaen.

Weithiau, mae bywyd pobl yn newid oherwydd dyfais dechnolegol bwysig – mae dyfeisio'r ffôn symudol yn enghraifft dda.

Os oes gennych ffôn symudol, ar gyfer beth rydych chi'n ei ddefnyddio? Pam mae'n bwysig yn eich bywyd? Ceisiwch gofio amser pan nad oedd gennych ffôn symudol. Sut roedd eich bywyd yn wahanol bryd hynny?

Meddyliwch!
Trafodwch â phartner ddyfeisiadau eraill sydd wedi achosi newidiadau. Sut gwnaethon nhw newid bywydau pobl?

Trobwyntiau mewn hanes

Enghraifft dda o drobwynt yn y gorffennol oedd datblygiad teledu.

Meddyliwch!
Ceisiwch ddarganfod beth roedd pobl yn ei wneud gyda'r nos cyn i deledu ddod yn y 1950au cynnar.
- Sut newidiodd ystafelloedd byw pobl?
- Sut newidiodd eu harferion bwyta?
- Sut newidiodd eu gweithgareddau hamdden?
- Beth ddigwyddodd i bapurau newydd o ganlyniad i deledu?

TASG

Mewn grwpiau, trafodwch y digwyddiadau/datblygiadau/dyfeisiadau ar y rhestr isod. Sut gwnaethon nhw newidiadau mawr i fywydau pobl? Cofiwch! Meddyliwch am fywyd cyn y trobwynt ac am fywyd wedyn.
- dyfeisio tân
- y Goncwest Normanaidd (adolygu!)
- dyfeisio'r car modur
- teithio mewn awyren

Llywelyn ap Gruffydd.

Yn y llyfr hwn, byddwn yn astudio rhai digwyddiadau pwysig yn hanes Cymru.

Ym mlwyddyn 7 byddwch wedi dysgu am farwolaeth Llywelyn ap Gruffydd, neu'r Llyw Olaf, yn 1282. Roedd y digwyddiad hwn yn drobwynt pwysig yn hanes Cymru.

Ar ôl 1282:

- Cafodd Cymru ei gorchfygu gan Edward I, brenin Lloegr.
- Roedd Cymru gyfan nawr yn cael ei llywodraethu gan frenin Lloegr, neu gan bobl roedd ef wedi eu penodi.
- Codwyd cestyll mawr yng ngogledd Cymru ac yn y canolbarth lle roedd Llywelyn wedi bod yn gryf.
- Roedd rhaid talu trethi newydd i frenin Lloegr.
- Byddai'r Cymry'n cael eu rhoi ar brawf yn ôl cyfraith Lloegr, ac ni allai'r Gymraeg gael ei defnyddio yn y llysoedd.

Mae trobwyntiau mewn hanes yn gallu newid bywydau pobl mewn gwahanol ffyrdd:

Yn economaidd – o ran arian

Yn gymdeithasol – y ffordd rydych yn byw eich bywyd

Yn ddiwylliannol – eich iaith, eich syniadau a'r pethau rydych chi'n eu credu

Yn wleidyddol – y ffordd rydych yn cael eich rheoli neu eich llywodraethu.

Meddyliwch!

Edrychwch eto ar yr holl enghreifftiau o drobwyntiau rydym wedi eu trafod. Mewn parau, chwiliwch am enghraifft o bob math o drobwynt – economaidd, cymdeithasol, diwylliannol a gwleidyddol.

Mae trobwynt yn gallu bod yn un digwyddiad neu'n gyfres o ddigwyddiadau

Gair allweddol

penodi:
   rhoi swydd
   (i rywun)

Mae rhai trobwyntiau'n gallu newid bywydau pobl yn sydyn ac yn gyflym. Mae eraill yn cymryd blynyddoedd i wneud gwahaniaeth.

Pan gafodd y Tywysog Llywelyn ei ladd yn 1282, er enghraifft, byddai pobl wedi gweld newid yn eu bywydau yn fuan iawn. Os oeddent yn byw yn Harlech, byddai castell mawr wedi cael ei adeiladu yn union o flaen eu llygaid. Byddai llawer o'r bobl leol wedi cael eu gorfodi i weithio i'r Saeson i godi'r castell hwn. Byddai milwyr wedi ymddangos mewn pentrefi a byddai pobl wedi cael eu stopio a'u harchwilio wrth iddynt fyw eu bywydau pob dydd.

Castell Harlech, a adeiladwyd gan Frenin Edward I.

Pan gafodd y car modur ei ddyfeisio, roedd y newid yn fwy graddol o lawer. Dim ond gan ychydig o bobl yr oedd car ar ddechrau'r ugeinfed ganrif. Doedd pobl gyffredin ddim yn gallu fforddio ceir tan y 1950au. Yn y 1960au dechreuwyd adeiladu llawer o ffyrdd newydd. Adeiladwyd y traffyrdd cyntaf, agorwyd y bont gyntaf dros Fôr Hafren, ac adeiladwyd ffyrdd osgoi o amgylch dinasoedd a threfi. Yn y diwedd cafodd hyn effaith ar fywyd pawb, p'un a oedd ganddynt gar ai peidio.

Meddyliwch!

Edrychwch eto ar yr holl enghreifftiau uchod o drobwyntiau. Gyda phartner, meddyliwch am enghraifft o drobwynt a achosodd newid sydyn ac un a achosodd newid dros gyfnod hir o amser.

Ydych chi'n gallu meddwl am enghreifftiau eraill, naill ai o'ch profiad eich hun neu o bynciau eraill rydych wedi eu hastudio mewn hanes?

Trobwyntiau yn hanes Cymru

Mae llawer o fathau gwahanol o drobwyntiau mewn hanes, ac maent yn effeithio ar bobl mewn llawer o ffyrdd gwahanol. Bydd y llyfr hwn yn edrych ar ddigwyddiadau a datblygiadau yng Nghymru yn y blynyddoedd rhwng 1485 a 1914. Dyma rai o'r cwestiynau y byddwn yn edrych arnynt:

A oedd ots gan Harri VII am Gymru? A oedd cael rhywun â chysylltiadau Cymreig fel brenin Lloegr yn gwneud unrhyw wahaniaeth i Gymru?

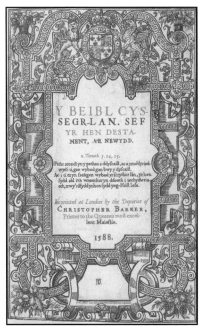

Pam roedd cyhoeddi'r Beibl yn Gymraeg mor bwysig?

Pam gadawodd cymaint o bobl eu cartrefi a chreu bywyd newydd iddynt eu hunain ar ddechrau'r bedwaredd ganrif ar bymtheg?

A oedd y Cymry yn bobl derfysglyd yn y bedwaredd ganrif ar bymtheg neu a oedd ganddynt resymau da dros brotestio?

Beth oedd ystyr bod yn Gymro neu'n Gymraes ar ddechrau'r ugeinfed ganrif?

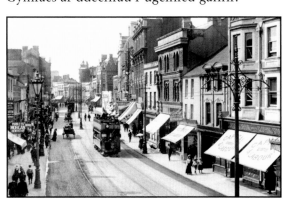

Y Criw Sgiliau Hanes

Dyma'r criw!

Trwy'r llyfr hwn bydd rhai cymeriadau'n ymddangos fwy nag unwaith. Maen nhw yno i'ch helpu, i ddangos pa sgiliau efallai y bydd arnoch eu hangen ar gyfer y rhan honno o'r llyfr.

Capten Cronoleg

Mae hi'n gosod pethau fel dyddiau, blynyddoedd, canrifoedd a chyfnodau mewn trefn fel eu bod yn gwneud synnwyr:

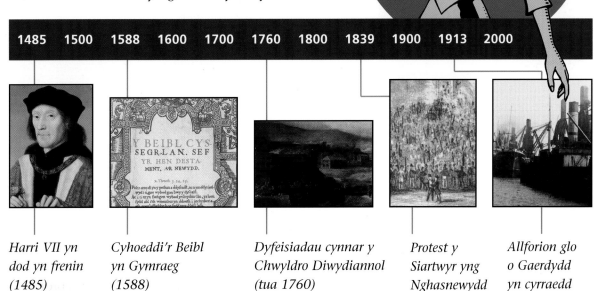

| 1485 | 1500 | 1588 | 1600 | 1700 | 1760 | 1800 | 1839 | 1900 | 1913 | 2000 |

Harri VII yn dod yn frenin (1485)

Cyhoeddi'r Beibl yn Gymraeg (1588)

Dyfeisiadau cynnar y Chwyldro Diwydiannol (tua 1760)

Protest y Siartwyr yng Nghasnewydd (1839)

Allforion glo o Gaerdydd yn cyrraedd uchafbwynt (1913)

Cofiwch bod canrifoedd yn gallu bod yn gymhleth!
Mae'r tabl hwn yn dangos enwau canrifoedd.

Canrif	C	Blynyddoedd
Y bymthegfed	y 15g.	1400–1499
Yr unfed ar bymtheg	yr 16g.	1500–1599
Yr ail ar bymtheg	yr 17g.	1600–1699
Y ddeunawfed	y 18g.	1700–1799
Y bedwaredd ar bymtheg	y 19g.	1800–1899
Yr ugeinfed	yr 20g.	1900–1999

Mae cronoleg yn bwysig iawn i hanes. Rhaid inni roi pethau mewn trefn er mwyn deall sut a pham y digwyddodd pethau, a deall pa fath o fywyd oedd gan bobl mewn gwahanol gyfnodau yn y gorffennol.

Yr Athro Gwybodaeth

Mae hwn yn defnyddio gwybodaeth
i ddangos ei fod yn deall pethau:

- pam digwyddodd rhywbeth
- beth oedd y canlyniadau
- pam mae rhai pethau wedi newid
- pam mae rhai pethau wedi aros
  yr un fath
- pam mae rhai pethau'n bwysig.

Bydd yr Athro Gwybodaeth yn
dangos lle i gael yr atebion i'r
cwestiynau hyn. **Cofiwch**, dydy
gwybod llawer o ffeithiau ddim
bob amser yn eich gwneud yn
hanesydd da. Mae hanesydd
da yn defnyddio'r ffeithiau
i egluro pethau.

Gair allweddol

cyfoes: o gyfnod y
digwyddiadau

Pam daeth Harri VII
yn frenin yn 1485?

8

Y Ditectif Tystiolaeth

Mae hwn yn edrych ar dystiolaeth
ac yn ceisio gweld beth ddigwyddodd.

Gallwn edrych ar wahanol fathau
o dystiolaeth, fel lluniau, dogfennau
ysgrifenedig, gwrthrychau ac adeiladau.

Weithiau bydd tystiolaeth gyfoes,
neu dystiolaeth gan haneswyr a oedd
yn byw mewn cyfnod diweddarach.

Gyda tystiolaeth ysgrifenedig, er enghraifft,
rhaid inni ofyn:
Beth yw'r dystiolaeth? (**C**ynnwys)
Pryd y cafodd ei hysgrifennu? (**O** ba gyfnod?)
Pwy ysgrifennodd y dystiolaeth
   a pham? (**P**wrpas)

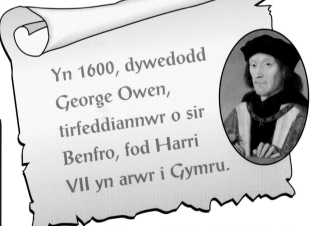

Yn 1600, dywedodd
George Owen,
tirfeddiannwr o sir
Benfro, fod Harri
VII yn arwr i Gymru.

Felly, mae'r Ditectif Tystiolaeth
yn ein helpu i edrych ar wahanol ddarnau
o dystiolaeth a meddwl am y **C**ynnwys, **O** ba
gyfnod y daethant, a beth oedd eu **P**wrpas.
Cofiwch mai **COP** yw'r Ditectif Tystiolaeth!

Dai Dehongli

Mae hwn yn gwneud hanes yn hwyl. Mae'n eich helpu wrth ichi baratoi eich adroddiad chi am yr hanes, ar sail y dystiolaeth a welsoch.

Er enghraifft, mae rhai pobl yn credu bod Harri VII yn arwr i Gymru. Mae pobl eraill yn credu mai bradwr oedd ac mai bradychu Cymru a wnaeth.

Mae Dai Dehongli yn ein helpu i ddeall pam mae gan bobl safbwyntiau gwahanol am rywun fel Harri VII.

Wedi drysu? Os felly, bydd rhaid ichi edrych ar y dystiolaeth a phenderfynu drosoch eich hun.

Geiriau allweddol

bradychu: gwneud drwg i'ch ochr eich hun

safbwyntiau: syniadau, barn

9

Ms Trefnus

Mae hon yn aelod pwysig iawn o'r criw. Mae'n ein helpu i ddewis gwybodaeth a rhoi trefn arni, er mwyn gwneud synnwyr o ddigwyddiadau ac o fywydau pobl yn y gorffennol.

Mae'n gallu trefnu pethau mewn sawl ffordd:

PARAGRAFFAU

brawddegau TRAETHODAU

graffiau

SIARTIAU

CYFLWYNIADAU TGCh

posteri

mapiau

1.1 Sut le oedd Cymru i fyw ynddo rhwng 1485 a 1760?

Gair allweddol

tirwedd:
ffurf y tir

Ar dudalennau 12–21, mae pedair set o ffynonellau lluniau. Ar ôl pob set o ffynonellau lluniau mae set o ffynonellau ysgrifenedig. Mae'r rhai wedi eu trefnu mewn grwpiau dan bedwar pennawd:

Pobl
Cartrefi
Syniadau a chredoau
Tirwedd

Edrych ar ffynonellau lluniau

Tystiolaeth gyfoes
yw'r holl ffynonellau.
Mae hynny'n golygu eu bod yn dod o'r cyfnod rydym yn siarad amdano, sef 1485 i 1760. Er enghraifft, cafodd y llun o deulu'r Manseliaid (ar dudalen 12) ei baentio yn 1625 a chafodd y gofeb i Margaret Mercer (ar dudalen 18) ei chodi yn 1610. Mae'r ffotograff o Gastell Gwydir (ar dudalen 15) yn dangos rhan o'r adeilad a godwyd tua 1500.

TASG 1

Mewn grwpiau edrychwch yn ofalus ar **UN** set o ffynonellau lluniau – Pobl **neu** Cartrefi **neu** Syniadau a chredoau **neu** Tirwedd.

1 Ysgrifennwch yr hyn rydych yn gallu ei weld **yn bendant** yn y ffynonellau. Er enghraifft, yn y llun o Gatrin o Ferain (rhif 2, t. 13) byddwch yn gweld bod ei llaw chwith ar ben penglog. Wedyn, efallai y byddwch am sylwi ar ei dillad ac ar bethau eraill yn y llun.

2 Ar ôl ysgrifennu'r wybodaeth hon, trafodwch â'ch grŵp yr hyn mae eich tystiolaeth yn ei ddysgu ichi am eich thema. Er enghraifft, os 'Syniadau a chredoau' yw eich pwnc, efallai byddwch yn penderfynu bod eglwysi'n adeiladau pwysig mewn trefi.

3 Copïwch y tabl yn y map ar y dde (neu defnyddiwch yr amlinelliad sydd yn y pecyn gweithgareddau). Wedyn, o dan bennawd eich thema chi gwnewch bedwar neu bump o bwyntiau bwled am eich pwnc. Mae enghraifft o dan y pennawd Tirwedd.

POBL

CARTREFI

SYNIADAU A CHREDOAU

TIRWEDD
- Mae llawer o fryniau a mynyddoedd yng Nghymru.

Cymru, 1485–1760, ar sail detholiad o dystiolaeth gyfoes

TASG 1 (parhad)

4 Bydd rhaid i un ohonoch chi adrodd yn ôl i weddill y dosbarth gyda'r wybodaeth mae'r grŵp wedi ei chasglu. Cofiwch! Dim ond gwybodaeth sy'n bendant yn y ffynonellau y cewch ei defnyddio.

5 Pan fydd pob grŵp yn adrodd yn ôl, gwrandewch yn ofalus. Fel grŵp, ysgrifennwch brif bwyntiau pob siaradwr.

heddychlon   terfysglyd   cyfoethog   gwastad   hapus   budr/brwnt   gorboblog   tlawd   crefyddol   trist   gwlyb   mynyddig   hardd

TASG 2

Nawr mae gennych syniad cyffredinol am Gymru yn y cyfnod 1485–1760. Dyma restr o eiriau y byddech yn gallu eu defnyddio i ddisgrifio Cymru yn y blynyddoedd hyn.

1 Mewn parau, dewiswch y pum gair gorau i ddisgrifio'r Gymru rydych yn ei gweld yn y lluniau.

2 Ysgrifennwch dri gair newydd y byddech yn gallu eu hychwanegu at y rhestr. Gallech ddefnyddio geiriadur i'ch helpu.

3 Fel dosbarth, gwnewch restr o ddeg gair i ddisgrifio'r Gymru y gallwch ei gweld yn y lluniau.

Mae'r lluniau'n dangos Cymru fel gwlad hardd lle roedd pobl gyfoethog yn byw mewn tai mawr. Ond a yw hyn yn wir?
- Dim ond pobl gyfoethog oedd yn cael eu portreadau wedi eu paentio.
- Dim ond gan bobl gyfoethog yr oedd tai mawr o gerrig sydd wedi para hyd heddiw.
- Dim ond pobl gyfoethog oedd yn cael beddau mawr.
- Roedd artistiaid yn paentio i ennill bywoliaeth; felly, dim ond i'r cyfoethog roeddent yn paentio.

Nawr gallwn ni edrych ar y detholiad o ffynonellau ysgrifenedig cyfoes (ffynonellau a gafodd eu hysgrifennu ar y pryd) ar dudalennau 14, 17, 19 a 21. Bydd yn ddiddorol gweld a fydd y rhain yn rhoi darlun gwahanol o Gymru yn y cyfnod hwn?

TASG 3

1 Cyn edrych ar y ffynonellau ysgrifenedig, copïwch dabl arall fel yr un ar dudalen 10.

2 Darllenwch drwy bob set o **ffynonellau ysgrifenedig** (Pobl, Cartrefi, Syniadau a chredoau, Tirwedd) yn ei thro. Chwiliwch am unrhyw beth newydd a diddorol nad oeddech wedi ei weld yn y ffynonellau lluniau. Ysgrifennwch y pethau hyn, gan ddefnyddio bwledi, ar eich tabl.

11

Pobl

Edrych ar ffynonellau lluniau

1. Syr Thomas Mansel o Fargam, ei wraig a'u merch (tua 1625).

3. Edward Herbert,
Barwn Herbert Cyntaf
Chirbury (tua 1610).

2. Catrin
o Ferain,
1568.

4. Ciper Edwinsford,
sir Gaerfyrddin, 1725

Pobl

Edrych ar ffynonellau ysgrifenedig

Geiriau allweddol

cardotwyr: pobl sy'n begera neu'n gofyn am arian a bwyd

Ustus Heddwch: aelod o ddosbarth yr uchelwyr a oedd wedi cael ei benodi i fod yn gyfrifol am gyfraith a threfn

uchelwyr: y bonedd, y tirfeddianwyr – y bobl oedd yn berchen ar y tir

bachgen gyrru'r wedd: bachgen oedd yn aredig y tir

Ffynhonnell 1.

O lythyr a gafodd ei ysgrifennu gan Ustus Heddwch ym Môn (16g.).

> Mae gennym lawer iawn
> o gardotwyr a chrwydriaid
> sy'n gwneud dim gwaith,
> ac sy'n crwydro ar draws y
> wlad o dŷ i dŷ, ac o le i le.

Ffynhonnell 2.

George Owen, o'i lyfr *The Description of Pembrokeshire*, 1603. (Roedd George Owen yn uchelwr, neu'n ŵr bonheddig):

> Mae'r bobl gyffredin, y rhan
> fwyaf ohonynt, yn bobl dlawd
> a syml, yn fyr o gorff, yn llydan a
> byrdew. Cânt eu gorfodi i ddioddef
> gwres yr haul sy'n llosgi eu
> hwynebau, eu dwylo, eu coesau
> a'u traed. Ac yna mae'r oerni,
> y rhew, yr eira, y cenllysg a'r
> gwynt yn eu poeni cymaint nes
> bod croen eu coesau, eu dwylo,
> eu hwynebau a'u traed wedi
> torri a hollti.

Ffynhonnell 3.

William Williams o Fiwmares, 1674, wrth ysgrifennu am Syr Richard Bulkeley, uchelwr yng nghyfnod y Frenhines Elisabeth:

> Roedd yn cadw llawer o weision. Roedd
> dau was mewn lifrai (dillad swyddogol)
> bob amser yn rhedeg wrth ochr ei
> geffyl; nid oedd byth yn mynd oddi
> cartref heb 20 neu 24 i ofalu amdano.

Ffynhonnell 4.

Roedd George Owen yn dirfeddiannwr pwysig yn sir Benfro. Roedd ganddo sawl fferm. Dyma restr o'r bobl yr oedd yn eu cyflogi yn fferm Cwrt Eglwyswrw:

> Gweision a morynion y tŷ a'r rhai oedd
> yn gofalu am y fferm o ddydd i ddydd:
> Yr aradrwr neu'r gwas mawr
> Ei wraig
> Un gwas arall
> Dau fachgen gyrru'r wedd
> Un bugail
> Dwy forwyn i lafurio

Cartrefi

Edrych ar ffynonellau lluniau

5. *Castell Gwydir (adeiladwyd tua 1550).*

6. *Y Cyntedd Hir, Castell Powys, sir Drefaldwyn (tua 1590).*

7. Llannerch, sir Ddinbych (a baentiwyd tua 1662).

8. Plas Mawr, Conwy, adeiladwyd yn yr unfed ganrif ar bymtheg yn nhref Conwy.

Cartrefi

Edrych ar ffynonellau ysgrifenedig

Ffynhonnell 5.

Disgrifiad o stad ym Môn yn y 1630au:

Nid yw'r tai yn well na chytiau, ddim yn ddigon da i ddyn gwâr orffwys ynddynt am awr neu ddwy heb sôn am letya ynddynt.

Ffynhonnell 7.

Dyfyniad o lyfr Leland, *Itinerary in Wales*, a ysgrifennodd rhwng 1536 a 1539:

Mae gan George Mathew, gŵr â thiroedd pert sy'n byw yn Radur, barc sydd newydd ei greu, â cheirw ynddo, uwchben Radur.

Ffynhonnell 6.

Nwyddau tŷ o ffermdy bychan ger Hwlffordd (1592):

1 crochan; 3 phadell; padell ffrio; 5 dysgl biwter; 1 pot piwter; 2 ganhwyllbren; 1 cwpwrdd; 1 droell nyddu; 1 pac o gardiau; 1 bwrdd; 1 ffwrwm; 1 brwsh; 1 haearn serio; 2 ffrâm gwely; 2 bâr o flancedi; 1 garthen; 1 gobennydd; 2 lestr pres; 1 fwced; 1 gist.

Ffynhonnell 8.

Disgrifiad o Fachegraig yn sir Gaernarfon, a godwyd yn 1567:

Mae'n cynnwys plasty, â thair ochr, sy'n cau o amgylch cwrt sgwâr. Ar y llawr cyntaf mae neuadd enfawr a pharlwr: mae'r gweddill yn codi yn chwe llawr rhyfeddol, yn cynnwys y ciwpola [dôm uwchben to adeilad], ac o'r ail lawr yn ffurfio siâp pyramid.

Syniadau
a chredoau

Edrych ar
ffynonellau lluniau

*9. Eglwys
Sant Andras,
Llanandras
(a baentiwyd
tua 1680).*

*11. Cofeb i Margaret Mercer,
Eglwys y Santes Fair,
Dinbych-y-pysgod (1610).*

10. Tudalen teitl y Beibl yn Gymraeg.

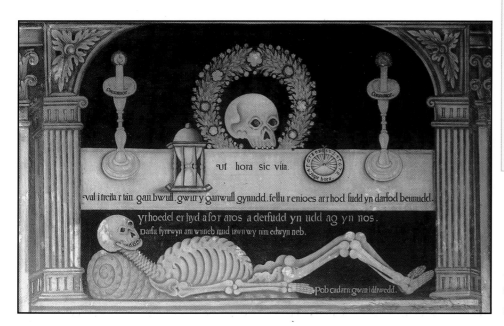

*12. Cofeb,
Capel y Rug
(tua 1637).*

Geiriau allweddol

Catholig: aelod o Eglwys Rhufain o dan arweinyddiaeth y Pab.

Protestant: un o'r rheiny a dorrodd i ffwrdd o'r Eglwys Gatholig yn yr unfed ganrif ar bymtheg

dienyddio: lladd rhywun trwy dorri ei ben neu ei grogi

diberfeddu: tynnu perfedd allan o'r corff

Syniadau a chredoau

Edrych ar ffynonellau ysgrifenedig

Ffynhonnell 9.

Cofnod o gosb am ddwyn caws yn Ffestiniog yn 1557:

Roedd Margaret Madog wedi dwyn caws gwerth ceiniog oddi wrth Lewis Williams. Ei chosb yw cael ei chwipio ac yna ei hoelio gerfydd ei chlust yn y farchnad yng Nghaernarfon.

Ffynhonnell 10.

Humphrey Llwyd, *Breviary of Britain* (1573):

Mae dŵr Ffynnon Wenfrewi [Treffynnon] yn ddymunol iawn. Cafodd llawer o bobl sy'n ymolchi yn y dŵr eu hiacháu o'r llu o anhwylderau a fu arnynt ers cael eu geni.

Ffynhonnell 11.

O'r *Book of Martyrs* (1563) gan John Foxe, awdur Protestannaidd:

Yn y dyddiau diflas hyn o'r Frenhines Mari, cafodd William Nichol, dyn da, onest a syml, ei ddal gan gefnogwyr y pab ac ar y 9fed diwrnod o Ebrill, 1558, cafodd ei losgi yn Hwlffordd yng Nghymru.

Ffynhonnell 12.

Adroddiad am farwolaeth Richard Gwyn, Catholig, ar 15 Hydref 1584:

Yna cyhoeddodd y barnwr ei ddedfryd, sef y dylai Gwyn y dydd Iau dilynol (pan fyddai tyrfa o bobl fel arfer yn bresennol oherwydd y farchnad) gael ei lusgo i'r man dienyddio, ei grogi nes byddai'n hanner marw, y dylid torri ei ben, ei ddiberfeddu a thorri ei gorff yn bedair rhan.

Tirwedd

Edrych ar ffynonellau lluniau

*13. Castell Dinefwr,
Llandeilo (tua 1670).*

14. Cas-gwent, sir Fynwy (paentiwyd 1680–90).

20

15. 'Rhaidder Fawr', rhaeadr ger Penmaenmawr, Gwynedd (1750).

Tirwedd

Edrych ar ffynonellau ysgrifenedig

Ffynhonnell 13.

O ddyddiadur gan Celia Fiennes yn disgrifio ymweliad â sir y Fflint yn 1688:

Enw'r lle yw sir y Fflint. Mae'n lle bryniog â llawer iawn o fryniau uchel lle mae'r bobl yn siarad Cymraeg. Maent yn cerdded yn droednoeth a choesnoeth.

Ffynhonnell 14.

Dyfyniad o lyfr Edward Lhuyd, *Geographical Dictionary of Wales* (1696):

Rhwng Tregaron a Llanfair-ym-Muallt y mae ar y cyfan yn fynyddig, yn greigiog, yn foel; ond mae'r tir yn magu digon o ddefaid da.

Ffynhonnell 15.

O lythyrau Bernardino de Mendoza o Sbaen, a ddaeth i ymweld â Chymru yn 1586:

Yn ne a gogledd Cymru mae'r tir braidd yn fynyddig ond mae'r wlad yn llawn defaid a gwartheg. Mae digon o wenith a digon o borthladdoedd da.

Ffynhonnell 16.

George Owen, *The Dialogue of the Government of Wales* (1594):

Mae'r bobl wedi mynd yn gyfoethog iawn. Nawr gwelwn hen gestyll Cymru i gyd yn adfeilion, ac ar y llaw arall mae tai'r bobl fonheddig yn ffynnu.

TASG 4

Copïwch y tabl isod. Rydych wedi ei ddefnyddio ddwywaith o'r blaen. Rhaid ichi ysgrifennu am bob un o'r themâu eto. Y tro yma, mae eich tasg yn anoddach. Ysgrifennwch am bob un o'r themâu gan ddefnyddio'r wybodaeth o'r ddau dabl rydych wedi eu llenwi yn barod.

> **POBL**
>
> **CARTREFI**
>
> **SYNIADAU A CHREDOAU**
>
> **TIRWEDD**

Pan fyddwch yn defnyddio mwy nag un ffynhonnell i ysgrifennu gwybodaeth, yr enw ar y broses yw *synthesis*. Mae pobl sy'n ysgrifennu hanes yn aml yn cyfuno llawer o ffynonellau gwahanol.

Meddyliwch!

- Pam mae haneswyr yn ceisio defnyddio llawer o ffynonellau gwahanol?
- Pam mae'n rhaid i haneswyr weithiau ddefnyddio un neu ddau ffynhonnell yn unig?

Mae'n debyg bod eich disgrifiad cyntaf o Gymru yn y blynyddoedd 1485–1760, yr un a wnaethoch ar sail y ffynonellau lluniau, wedi newid oherwydd yr wybodaeth newydd a gawsoch o'r adroddiadau ysgrifenedig. Nid yw hynny'n golygu bod y darlun sydd gennych yn un cywir. Mae rhoi gwybodaeth am Gymru 1485–1760 at ei gilydd yn debyg i wneud jig-so enfawr. Dim ond ambell i ddarn o'r jig-so sydd gennych o hyd.

Cofiwch wrth i chi astudio'r cyfnod hwn fod gennych lawer llai o luniau a dogfennau nag sydd ar gael am yr ugeinfed ganrif (20g.). Mae'r lluniau a'r dogfennau hyn fel arfer yn sôn dim ond am ychydig o bobl gyfoethog.

Oherwydd bod mwy o dystiolaeth am y cyfoethog mae'n bosibl felly dysgu mwy am uchelwr fel Edward Herbert o Chirbury nag am y dynion a'r merched a oedd yn byw ar ei stad.

Uchelwr

Mae haneswyr yn gwybod
eithaf tipyn amdana i

portreadau
llun o fy nhŷ
mae fy nhŷ yn dal i sefyll yn yr 21g
mae peth o fy nodrefn wedi eu cadw
fy nyddiadur
cyfrifon fy nhŷ
fy llythyrau
fy ewyllys

Dyn tlawd

Dydy haneswyr yn gwybod fawr
ddim amdana i

dim portread (alla i ddim talu artist)
dim llun o fy nhŷ
roedd fy nhŷ wedi diflannu cyn yr 21g
does dim dodrefn wedi para
(doedd gen i fawr ddim beth bynnag)
dim dyddiadur
(dydw i ddim yn gallu darllen nac ysgrifennu)
dim cyfrifon tŷ (does gen i ddim arian)
dim llythyrau
dim ewyllys
(does gen i ddim i'w adael i 'mhlant)

Yn achos bywydau'r bobl dlawd, rhaid ichi feddwl yn ofalus am y dystiolaeth sydd gennym. Mae llawer o'r dystiolaeth am bobl dlawd yn dod o gofnodion llysoedd barn.

Edrychwch ar Ffynhonnell 9 (t. 19). Mae'n dod o gofnod llys barn. Mae llawer o'r cofnodion hyn. Pa argraff maen nhw'n ei rhoi am bobl dlawd y cyfnod, tybed? Ydy hi'n argraff gywir neu beidio?

Yn aml mae'n rhaid i haneswyr geisio deall sut fywyd oedd gan bobl yn y gorffennol, neu pa fath o berson oedd rhywun. Weithiau mae'n amhosibl darganfod ateb i rai cwestiynau os nad yw'r dystiolaeth yno. Mae haneswyr yn gwneud awgrym ar sail yr wybodaeth sydd ar gael.

Er enghraifft, edrychwch ar y llun o deulu Manseliaid Margam (llun 1, t. 12). Mae'r llun yn dangos y dillad roedd Thomas Mansel a'i deulu'n eu gwisgo, ond pa fath o bobl oedden nhw? A fedrwch wneud unrhyw awgrymiadau?

TASG 5

1 Edrychwch ar y llun o Gas-gwent yn 1680–90 (rhif 14, t. 20). Beth mae'r llun yn ei ddweud wrthych am deithio a chludiant yng Nghymru ar y pryd?

2 Meddyliwch am y cwestiynau sy'n dilyn. Mae'r unig dystiolaeth sydd gennych yn y ffynonellau. Bydd gennych ychydig o dystiolaeth i ateb y cwestiwn cyntaf ond bydd rhaid ichi wneud awgrymiadau, ar sail y dystiolaeth, er mwyn ateb cwestiwn b.

a. Sut byddai pobl wedi teithio o Gas-gwent yn y de-ddwyrain i ymweld â theulu'r Wynniaid a oedd yn byw yng Nghastell Gwydir yn y gogledd-orllewin?

b. Fyddai'r daith yn anodd? Pam? Gall edrych ar yr adran Tirwedd ar dudalennau 20–1 eich helpu.

Gwaith, 1485–1760

Mae'r ffynonellau lluniau a'r ffynonellau ysgrifenedig wedi eu dosbarthu dan bedwar pennawd: Pobl, Cartrefi, Syniadau a chredoau, Tirwedd. Ond byddai'n bosibl eu dosbarthu yn ôl y thema **Gwaith**.

TASG 6

1 Edrychwch eto ar y pedwar llun yma:
Edward Herbert o Chirbury (rhif 3)
Y ciper yn Edwinsford (rhif 4)
Llannerch, sir Ddinbych (rhif 7)
Cas-gwent 1680–90 (rhif 14).
Ysgrifennwch beth rydych chi'n gallu ei weld a'i awgrymu am waith yn y cyfnod hwn o'r ffynonellau lluniau hyn.

2 Nawr, edrychwch eto ar y ffynonellau ysgrifenedig hyn:
Ffynhonnell 1, Ffynhonnell 2, Ffynhonnell 3, Ffynhonnell 4 a Ffynhonnell 6.
Ysgrifennwch beth mae'r ffynonellau'n ei ddweud wrthych am waith a beth rydych chi'n gallu ei awgrymu.

3 Nawr byddwch yn gallu ysgrifennu ychydig o frawddegau am waith yn y cyfnod hwn. Gallwch syntheseiddio'r wybodaeth o'r ffynonellau lluniau a'r ffynonellau ysgrifenedig.

Edrych ar beth mae haneswyr wedi ei ysgrifennu am y cyfnod

Geiriau allweddol

ucheldir:
  tir mynyddig, uchel
porfa arw: bwydo gwartheg
  ac anifeiliaid fferm eraill
  ar wair sy'n tyfu yn y cae

Pwrpas yr ymarferion nesaf yw rhoi rhagor o help ichi ddeall y cyfnod hwn. Byddant yn gwneud hynny trwy edrych ar beth mae haneswyr modern wedi ei ysgrifennu am y bobl, am gartrefi, am syniadau a chredoau, am y tirwedd ac am waith yn y cyfnod hwn.

TASG 7

Darllenwch y disgrifiad hwn gan Peter Gaunt, hanesydd modern. Mae wedi darllen nifer o ffynonellau ac wedi edrych ar luniau cyn ysgrifennu'r disgrifiad. Mae'n disgrifio daearyddiaeth Cymru yn 1640 fel hyn:

Mae dwy ran i ddaearyddiaeth Cymru. Mae bron i ddwy ran o dair o'r wlad yn ucheldir gweddol foel; mae'r hinsawdd ar y cyfan yn wlyb ac oer a'r pridd yn aml yn wael, ac felly yn yr ail ganrif ar bymtheg [17g.] nid oedd y tir hwn yn dda i fawr ddim ond ar gyfer porfa arw. Roedd poblogaeth yr ucheldiroedd yn denau, gyda ffermydd unig ac ambell pentref bychan yma ac acw, ac ychydig o ffyrdd oedd yn eu croesi.

Roedd y boblogaeth yn 1640 yn agosáu at 400,000. Dim ond tua 10 y cant oedd yn byw mewn trefi. Doedd yr un o'r trefi'n fawr, ac i ni, pentrefi fydden nhw. Wrecsam oedd y dref fwyaf yn y gogledd, gyda 2,500 o drigolion efallai, a Chaerfyrddin oedd y fwyaf yn y de.

1 Edrychwch ar y lluniau ac ar y disgrifiadau ysgrifenedig dan 'Tirwedd' (tudalennau 20–1). Gwnewch rhestr o'r dystiolaeth yn y ffynonellau hyn a all Peter Gaunt fod wedi ei defnyddio.

2 Mae rhan o wybodaeth Peter Gaunt wedi cael ei hawgrymu. Rhowch engrhaifft. Pa air/eiriau y mae'n ei ddefnyddio/eu defnyddio i ddangos i'r darllenydd mai awgrymu y mae ar sail y dystiolaeth?

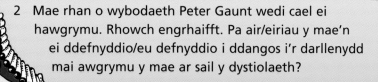

TASG 8

Mae Matthew Griffiths, awdur 'Land, Life and Belief, 1415–1642'(2000), yn disgrifio'r gwahaniaeth rhwng y bobl gyfoethog a'r tlodion (y bobl dlawd):

Yng nghefn gwlad Cymru yn amser y Tuduriaid a'r Stiwartiaid, agorodd bwlch mwy rhwng pobl gymharol gyfoethog a'r tlodion.

Roedd y cynnydd yng nghyfoeth a dylanwad yr uchelwyr yn cael ei ddangos i'r byd gan eu tai. Roedd pobl gyfoethog yn gallu gwneud eu bywyd yn fwy cysurus. Ar waelod y raddfa gymdeithasol, roedd bywyd y 50 y cant neu ragor o deuluoedd a oedd ymhlith y ffermwyr, y bythynwyr a'r llafurwyr tlotaf, yn llwm. Yn sicr, does dim o'u tai wedi goroesi, ac mae'n rhaid nad oedd llawer o gartrefi yn fawr mwy na llochesau dros dro.

1 Pa luniau a thystiolaeth ysgrifenedig sy'n cefnogi disgrifiad Matthew Griffiths o'r bobl gyfoethog?

2 Pa dystiolaeth sy'n cefnogi ei ddisgrifiad o'r tlodion?

3 A oes gwahaniaeth rhwng y dystiolaeth am y bobl gyfoethog a'r dystiolaeth am y tlodion? Os oes, beth yw'r gwahaniaeth?

4 Pa wybodaeth newydd y mae Matthew Griffiths yn ei rhoi nad yw ar gael yn y ffynonellau?

5 A yw Matthew Griffiths yn gwneud unrhyw awgrymiadau? Os yw, pam mae'n rhaid iddo wneud hynny?

TASG 9

Dyma beth ysgrifennodd yr Athro Gareth Elwyn Jones, awdur y llyfr *Tudor Wales* (1986), am grefydd yng nghyfnod y Tuduriaid:

Yn ystod cyfnod y Tuduriaid, roedd yr Eglwys, Gatholig neu Brotestannaidd, yn bwysig ym mywydau pobl. I rai, ar y ddwy ochr, yr oedd mor bwysig nes eu bod yn barod i farw mewn artaith dros eu credoau. I lawer mwy o bobl, mater o arfer oedd yr Eglwys.

1 Darllenwch Ffynonellau ysgrifenedig 11 a 12 eto am William Nichol a Richard Gwyn. Sut maen nhw'n cefnogi geiriau Gareth Elwyn Jones?

2 Beth oedd yr un fath am William Nichol a Richard Gwyn a beth oedd yn wahanol?

3 Beth yn eich barn chi mae Gareth Elwyn Jones yn ei feddwl wrth ddweud bod llawer o bobl yn mynd i'r eglwys fel 'mater o arfer'?

4 Rydym yn gwybod bod rhai pobl wedi marw dros eu credoau. Wrth ddweud bod y rhan fwyaf o bobl yn mynd i'r eglwys fel 'mater o arfer', mae Gareth Elwyn Jones yn gwneud awgrym. Pam mae'n rhaid iddo wneud hynny?

Ar ôl astudio'r bennod hon dylech ddeall yn fras sut fywyd oedd hi yng Nghymru yn ystod y cyfnod 1485–1760.

- Roedd Cymru'n wlad wledig ar y cyfan, ac roedd ei phoblogaeth yn fychan.

- Roedd rhai pobl gyfoethog iawn, yr uchelwyr, yn byw mewn tai mawr ac yn berchen ar lawer o dir. Roedd y rhan fwyaf o bobl yn dlawd.

- Roedd y rhan fwyaf o bobl yn gweithio ar y tir, naill ai i feistr cyfoethog, neu i dyfu digon o fwyd i'w bwydo eu hunain a'u teuluoedd.

- Roedd y rhan fwyaf o bobl yn Gristnogion ac yn mynd i'r eglwys, ond roedd gan bobl syniadau gwahanol am sut y dylent addoli Duw.

27

Rydym wedi creu'r darlun hwn trwy ddarllen ac edrych ar dystiolaeth gyfoes. Yn y ddwy bennod nesaf, byddwn yn edrych ar ragor o ddarnau jig-so am bobl a'u bywyd yn y cyfnod hwn. Wrth wneud hynny, byddwn yn cael rhagor o fanylion i'w rhoi yn ein darlun o Gymru.

A ddylai Harri VII fod yn arwr i Gymru?

Geiriau allweddol

tirfeddiannwr: perchennog tir
teyrnasiad: cyfnod pan mae brenin neu frenhines yn rheoli'r gwlad

Ffotograff yw hwn o gerflun o Harri VII. Mae'r cerflun yn Neuadd y Ddinas, Caerdydd. Mae'n un o gyfres o gerfluniau i gofio am bobl bwysig yn hanes Cymru.

Yr Athro Gwybodaeth

Cafodd y Brenin Harri VII ei eni yng Nghastell Penfro. Cymro oedd ei daid, a Tudur oedd ei enw teuluol. Yn 1485 glaniodd ar arfordir sir Benfro yng ngorllewin Cymru gyda byddin o Ffrainc. Gorymdeithiodd trwy Gymru ar ei ffordd i Loegr i gwrdd â brenin Lloegr mewn brwydr. Gorchfygodd a lladdodd y Brenin Richard III ym Mrwydr Bosworth. Ar ôl y frwydr daeth yn frenin Lloegr a byw hyd 1509. Daeth â heddwch o'r diwedd i Gymru a Lloegr. Mae ei hanes i'w weld mewn llawer o lyfrau am hanes Cymru.

Gan mlynedd ar ôl i Harri VII ddod yn frenin, cafodd ei ganmol gan George Owen, tirfeddiannwr cyfoethog o sir Benfro. Dywedodd fod Harri yn arweinydd mawr a oedd wedi helpu pobl Cymru.

Nid yw pawb yn cytuno â'r farn hon am Harri VII. Ysgrifennodd Alun Roberts lyfr o'r enw *Welsh National Heroes* yn 2002. Nid yw Harri VII yn un o'r arwyr yn y llyfr hwn.

Yn yr astudiaeth hon o'i fywyd byddwn ni'n ystyried a yw Harri yn haeddu bod mewn casgliad o arwyr Cymreig. Yr un pryd byddwn ni'n ystyried a oedd ei deyrnasiad yn drobwynt yn hanes Cymru. Beth newidiodd yng Nghymru ar ôl i Harri ddod yn frenin?

Harri VII, paentiwyd yn 1505

Cymru cyn Harri Tudur

Geiriau allweddol

darogan: dweud beth sydd yn mynd i ddigwydd

gwrthryfel: ymladd yn erbyn y brenin neu lywodraeth

Owain Glyndŵr

Mae'r darlun yn dangos cerflun o Owain Glyndŵr. Mae'r cerflun hwn hefyd yn un o'r casgliad o arwyr yn Neuadd y Ddinas, Caerdydd. Arweiniodd Owain wrthryfel mawr yn erbyn brenin Lloegr rhwng 1400 a 1408. Yn ystod y gwrthryfel, pasiodd y Brenin Harri IV gyfreithiau arbennig yn erbyn y Cymry:

- Nid oedd unrhyw Gymro'n cael dwyn (gwisgo neu gario) arfau.
- Nid oedd unrhyw Gymro'n cael byw mewn tref.
- Nid oedd unrhyw Gymro'n cael dal swyddi pwysig.
- Roedd y cyfreithiau hefyd yn berthnasol i Saeson a oedd wedi priodi Cymry.

Mae rhai haneswyr yn meddwl mai anaml y cafodd y cyfreithiau hyn eu defnyddio, ond roeddent yn dal i fod yn y llyfrau cyfraith ar hyd y bymthegfed ganrif (15g.). Ysgrifennodd beirdd Cymru gerddi yn galw am 'waredwr' ('Mab Darogan') i ddod i ryddhau'r Cymry a rhoi bywyd gwell iddynt.

Rhyfeloedd y Rhosynnau, 1455–1485

Roedd y rhain yn flynyddoedd o ryfeloedd cartref yn Lloegr ac yng Nghymru. Roedd dau deulu'n ymladd am y Goron, sef teulu Lancaster (y Lancastriaid) a theulu York (yr Iorciaid). Roedd y Tuduriaid ar ochr y Lancastriaid. Bu milwyr o Gymru'n ymladd ar y ddwy ochr yn ystod y rhyfeloedd oherwydd bod gan y ddau deulu, y Lancastriaid a'r Iorciaid, gestyll a llawer iawn o dir mewn gwahanol rannau o Gymru.

Arwyddluniau'r Iorciaid (rhosyn gwyn) a'r Lancastriaid (rhosyn coch).

Roedd Cymru yn ystod y bymthegfed ganrif (15g.) yn lle gwyllt a pheryglus. Roedd yn anodd teithio, roedd llawer o ladrata ac roedd y rhan fwyaf o bobl yn dlawd iawn. Roedd trefi Cymru yn fach a doedden nhw ddim yn gyfoethog iawn.

Pwy oedd Harri Tudur?

Dyma goeden deuluol Harri:

30

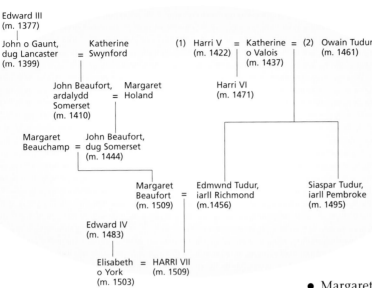

Edward III
(m. 1377)

John o Gaunt,   Katherine   (1) Harri V   =   Katherine   =   (2) Owain Tudur
dug Lancaster   =   Swynford   (m. 1422)   o Valois   (m. 1461)
(m. 1399)   (m. 1437)

         John Beaufort,   Margaret   Harri VI
         ardalydd   =   Holand   (m. 1471)
         Somerset
         (m. 1410)

Margaret   John Beaufort,
Beauchamp   =   dug Somerset
                   (m. 1444)

                        Margaret   Edmwnd Tudur,   Siaspar Tudur,
                        Beaufort   =   iarll Richmond   iarll Pembroke
                        (m. 1509)   (m.1456)   (m. 1495)

Edward IV
(m. 1483)

         Elisabeth   =   HARRI VII
         o York   (m. 1509)
         (m. 1503)

Geiriau allweddol

cyndeidiau: cyn + teidiau, hen deulu yn y gorffennol
aeres: merch sy'n etifeddu eiddo'r teulu
gwarcheidwad: rhywun sy'n gofalu am blentyn yn lle mam neu dad

Cofiwch, rhwng 1455 a 1485, roedd rhyfel cartref yn Lloegr a Chymru. Roedd yr Iorciad yn ymladd yn erbyn y Lancastriaid.

- Owain Tudur oedd taid Harri Tudur. Roedd yn dod o Benmynydd ym Môn ac yn dweud bod ei gyndeidiau yn dywysogion. Er mai dim ond gwas brenhinol oedd Owain, priododd â Katherine o Valois, gweddw'r Brenin Harri V. Roedd mam ei feibion felly yn fam i'r brenin Lancastraidd, Harri VI. Bu Owain yn ymladd ar ochr y Lancastriaid yn Rhyfeloedd y Rhosynnau a chafodd ei ddienyddio gan yr Iorciaid yn 1461.

- Edmwnd Tudur oedd tad Harri Tudur. Priododd aeres gyfoethog, 13 oed, Margaret Beaufort. Cafodd ei garcharu gan yr Iorciaid yng Nghastell Caerfyrddin yn 1456 a bu farw o haint yn fuan ar ôl cael ei ryddhau. Ychydig fisoedd wedi hynny cafodd Harri ei eni.

Y darlun pres o Edmwnd ar ei fedd yng Nghaerfyrddin.

- Margaret Beaufort oedd mam Harri Tudur. Cafodd Harri ei eni ychydig cyn pen-blwydd Margaret yn 14 oed. Yn fuan wedyn, ailbriododd hi, ac ni welodd hi Harri eto tan 1471 pan oedd ef yn 14. Dim ond trwyddi hi yr oedd gan Harri Tudur unrhyw hawl i'r Goron, a gweithiodd hi'n galed i'w gefnogi.

- Siaspar Tudur oedd ewythr Harri Tudur a daeth yn warcheidwad iddo. Siaspar oedd yr arweinydd cryfaf a oedd gan y Lancastriaid yng Nghymru yn ystod Rhyfeloedd y Rhosynnau.

Margaret Beaufort, mam Harri.

Meddyliwch!

Mae coed teuluol yn gymhleth iawn. Ceisiwch ateb y cwestiynau hyn.

1. Mae rhai'n dweud mai dim ond chwarter Cymro oedd Harri Tudur. Edrychwch yn ofalus ar ei goeden deuluol. Eglurwch beth yw ystyr hynny.

2. Trwy berthnasau ei fam, nid ei dad, yr oedd gan Harri Tudur hawl i goron Lloegr. Ceisiwch egluro'r frawddeg hon.

3. Sut roedd Harri VI a Harri VII yn perthyn?

Hanes cynnar
Harri Tudur, 1457–1485

Gair allweddol

alltud:
cael ei orfodi
i fyw tu allan
i wlad ei hun

Castell Penfro.

Geni

Cafodd Harri Tudur ei eni yng Nghastell Penfro yn Ionawr 1457. Cymerodd ewythr Harri, Siaspar, y cyfrifoldeb am ei fagu.

Carchar!

Pan ddaeth y Brenin Edward IV o deulu York yn frenin, cafodd Harri, pan oedd yn 4 oed, ei ddal gan yr Iorciaid ym Mhenfro. Aethant ag ef i Gastell Rhaglan a'i gadw'n garcharor yno tan 1470. Llwyddodd ei ewythr, Siaspar, i ddianc i Ffrainc.

Castell Rhaglan.

Brenin Lancastraidd yn ben eto!

Yn 1469 ymladdodd y Lancastriaid yn ôl a gorchfygu'r Iorciaid. Daeth y Lancastriad, Harri VI, ewythr Harri Tudur, yn frenin eto. Daeth Siaspar Tudur yn ôl o Ffrainc a gadawodd Harri Gastell Rhaglan i ymuno ag ef eto.

Brenin Iorcaidd eto!

Yn 1471 cipiodd yr Iorciaid y Brenin Harri VI a lladdwyd ei fab. Bu Harri VI farw yn Nhŵr Llundain. Daeth yr Iorciad, Edward IV, yn frenin am yr ail dro.

Harri VI

Harri yn dianc i Lydaw

Wedi hynny, Harri Tudur, yn 16 oed, oedd y Lancastriad gwrywaidd â'r hawl gorau i fod yn frenin. Roedd hynny'n golygu ei fod mewn perygl eto oddi wrth yr Iorciaid. Llwyddodd ef a Siaspar i ddianc i Ddinbych-y-pysgod ac yna dros y môr i Lydaw. Bu Harri'n byw'n alltud yn Llydaw a Ffrainc o 1471 hyd 1485. Llwyddodd i osgoi sawl cais i'w lofruddio gan bobl a oedd yn gweithio dros yr Iorciaid.

Richard III yn cymryd yr awenau

Yn 1483 bu farw'r Brenin Edward IV. Yn fuan wedyn diflannodd ei blant, y Brenin Edward V a Richard, Dug Efrog (y 'Tywysogion yn y Tŵr'). Mae pobl yn credu eu bod wedi cael eu llofruddio yn Nhŵr Llundain, ond does neb yn sicr pwy a'u lladdodd. Cafodd eu hewythr ei goroni'n Frenin Richard III.

Ymosiad o Ffrainc

Yn 1485 penderfynodd Harri ymosod ar y Brenin Richard III i hawlio coron Lloegr iddo'i hun. Cafodd arian gan frenin Ffrainc i dalu am fyddin o tua 5,000 o filwyr a hwyliodd gydag ef o Ffrainc i Gymru.

Y Tywysogion yn y Tŵr

Gair allweddol

dial: achosi niwed i rywun yn gyfnewid am niwed a ddioddefwyd eisoes

TASG

Bydd yr ymarfer hwn yn eich helpu i ddeall yr holl wybodaeth am fywyd cynnar Harri Tudur a deall ym mha drefn y digwyddodd pethau (cronoleg).

Rhowch y digwyddiadau hyn yn y drefn gywir o ran amser. Ychwanegwch yr wybodaeth sydd ar goll:

Dyddiad	Brenin a'i deulu	Digwyddiad pwysig	Lle roedd Harri Tudur	Beth oedd yr effaith ar Harri
1485	_____ _____	Harri'n cael cefnogaeth brenin Ffrainc	Ffrainc	Harri'n paratoi i ymosod ar Gymru a Lloegr
1457	Harri VI (Lancaster)	Geni Harri Tudur	_____	Geni Harri
1470	Edward IV (York) Harri VI (Lancaster)	Lancastriaid yn cymryd y Goron yn ôl	Rhaglan	Rhyddhau Harri. Mae'n ymuno â Siaspar
1461	Harri VI (Lancaster) Edward IV (York)	Iorciaid yn cymryd y Goron	Penfro a Rhaglan	_____ _____
1471	Harri VI (Lancaster) Edward IV (York)	Brwydr Tewkesbury	Penfro ac yna _____	Harri'n ffoi gyda Siaspar

Meddyliwch!

Pam y daeth Harri Tudur â byddin i ymosod ar Gymru a Lloegr?

Defnyddiwch y rhestr o resymau isod. Wedyn rhowch nhw yn nhrefn blaenoriaeth – hynny yw, rhowch y rhesymau pwysicaf yn gyntaf. Defnyddiwch yr wybodaeth o'r stori am fywyd cynnar Harri Tudur.

- Roedd arno eisiau bod yn frenin Lloegr.
- Roedd arno eisiau rhyddhau Cymru rhag y Saeson.
- Roedd arno eisiau dial am farwolaeth ei dad a'i daid.
- Roedd arno eisiau dial am y blynyddoedd roedd wedi eu treulio yn garcharor ac yn alltud.
- Cafodd ei annog i ymosod ar Gymru a Lloegr gan frenin Ffrainc.
- Cafodd ei annog i ymosod gan aelodau o deulu York a oedd yn casáu Richard III gan eu bod yn meddwl bod Richard wedi llofruddio'r Tywysogion yn y Tŵr.

Trafodwch eich atebion ag aelodau eraill o'r dosbarth. Does dim ateb cywir nac anghywir, gan nad ydym yn gwybod beth yn union oedd ym meddwl Harri Tudur.

Yr orymdaith i Faes Bosworth

Harri VII, paentiwyd tua 1500.

Hwyliodd Harri a'i lynges am arfordir sir Benfro. Ar 7 Awst hwyliodd y llongau i mewn i ddyfroedd Aberdaugleddau a glanio ger Dale yn y bae sy'n cael ei alw heddiw yn Mill Bay. Roedd Harri yn ôl yng Nghymru. Roedd yn agos i'r castell lle cafodd ei eni ac i'r lle roedd wedi dianc ohono 14 blynedd ynghynt.

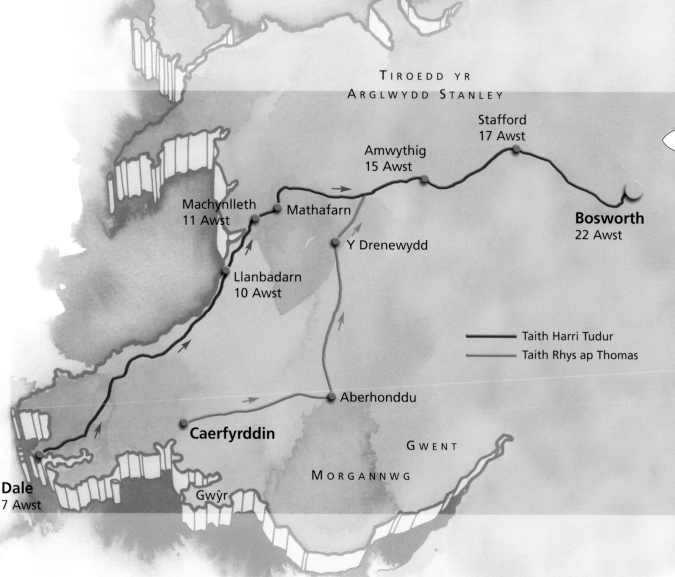

TIROEDD YR ARGLWYDD STANLEY

Stafford
17 Awst

Amwythig
15 Awst

Machynlleth
11 Awst

Mathafarn

Y Drenewydd

Bosworth
22 Awst

Llanbadarn
10 Awst

—— Taith Harri Tudur

—— Taith Rhys ap Thomas

Aberhonddu

Caerfyrddin

GWENT

MORGANNWG

Dale
7 Awst

Gwŷr

Pam y penderfynodd Harri ymosod ar y Brenin Richard III trwy orymdeithio trwy Gymru?

Roedd ewythr Harri, Siaspar, wedi bod yn ddug Penfro ar un adeg.

Roedd cefnogwyr Richard III yn rheoli Gŵyr, Morgannwg a Gwent.

Roedd Harri wedi cysylltu â'r Arglwydd Stanley a'i frawd, Syr William Stanley. Erbyn hyn, roedd yr Arglwydd Stanley yn briod â mam Harri, Margaret Beaufort. Roedd ganddo diroedd a chefnogaeth yn sir Gaer a sir Gaerhirfryn. Syr William oedd cynrychiolydd y Brenin Richard III yng ngogledd Cymru. Mae'n bosibl bod Harri wedi trefnu i gwrdd â'r brodyr Stanley yn Amwythig.

Roedd Harri wedi cysylltu â Rhys ap Thomas hefyd. Roedd Rhys yn bwerus yn yr ardal o gwmpas Caerfyrddin. Roedd ganddo lu o 2,000 o ddynion. Roedd ei deulu wedi cryfhau oherwydd cefnogaeth y Lancastriaid. Ar ôl glanio, teithiodd Harri tua Hwlffordd. Ond yno cafodd y newyddion na allai ymddiried yn Rhys.

Meddyliwch!

1. Pam y penderfynodd Harri lanio yn sir Benfro?

2. O sir Benfro, byddai nifer o lwybrau posibl i Harri. Pam y dewisodd orymdeithio tua'r gogledd, a dilyn llwybr ar hyd arfordir y gorllewin?

3. Pam roedd Harri'n disgwyl i Syr William Stanley ei gefnogi, er mai ef oedd cynrychiolydd Richard III yng ngogledd Cymru?

4. Meddyliwch am sefyllfa Rhys ap Thomas. Pam y byddai Rhys wedi oedi ychydig cyn ymuno â Harri?

TASG

Trafodwch y cwestiynau hyn â phartner neu fel dosbarth a chopïwch y ffrâm ysgrifennu isod a'i gwblhau.

Rwy'n meddwl bod Harri VII wedi glanio yn sir Benfro oherwydd . . .

Un rheswm pam y dewisodd Harri orymdeithio tua'r gogledd ar hyd arfordir gorllewin Cymru oedd . . .

Rheswm arall yw . . .

Rheswm arall eto yw . . .

Gair allweddol

banerwr:
   person sy'n cario
   baner byddin

Cymro'n hawlio'r Goron

Pan laniodd Harri yng Nghymru, dywedodd ei gefnogwyr mai ef oedd
y 'Mab Darogan'. Ers amser Owain Glyndŵr, roedd y beirdd wedi bod yn
canu am dywysog a fyddai'n dod i ryddhau Cymru rhag y Saeson. Roedd
ei gefnogwyr hefyd yn dweud mai Harri oedd gwir etifedd y Goron,
oherwydd ei fod yn disgyn ar ochr ei dad o frenin Prydeinig o'r seithfed
ganrif o'r enw Cadwaladr. Roedd banerwr Harri yn cario arwydd Cadwaladr
ar ei faner – y ddraig goch ar gefndir gwyrdd a gwyn. Heddiw, dyma faner
genedlaethol Cymru.

*Pan agorodd Harri y
ddraig goch a'i chwifio
ar Faes Bosworth,
roedd yn mesur 81
metr (27 troedfedd).
Sut mae hyn yn
cymharu â hyd
eich dosbarth?*

35

Dafydd Llwyd o Fathafarn

Gorymdeithiodd byddin Harri i fyny arfordir gorllewin Cymru. Un
noson ar y daith arhosodd Harri yn nhŷ Dafydd Llwyd ym Mathafarn
(edrychwch ar y map o daith Harri). Roedd Dafydd yn un o feirdd mwyaf
enwog Cymru ar y pryd. Roedd gan Dafydd hefyd enw fel proffwyd a
oedd yn gallu rhagweld y dyfodol. Mae stori am Harri yn gofyn i Dafydd
a fyddai'n llwyddiannus yn erbyn Richard III neu beidio. Gofynnodd
Dafydd am amser i feddwl am ei ateb. Yn ystod y nos, siaradodd
â'i wraig. Ei chyngor hi oedd dweud
wrth Harri y byddai'n ennill.

*Ffotograff modern
o Fathafarn.*

Tybed pam rhoddodd gwraig
Dafydd y cyngor hwn?

Petai Harri'n ennill, byddai pobl
yn dweud bod Dafydd yn broffwyd
ac efallai y byddai'n cael gwobr.
Petai Harri'n colli, efallai y
byddai'n cael ei ladd. Go brin y
byddai'n dod yn ôl i Fathafarn
eto beth bynnag.

Rhys ap Thomas

Tra roedd byddin Harri'n gorymdeithio i
fyny arfordir gorllewin Cymru, roedd Rhys
ap Thomas yn gorymdeithio o'i gartref yn
Ninefwr (gweler t. 20) trwy'r canol. Ym
Machynlleth penderfynodd Harri mynd
tua'r dwyrain trwy'r mynyddoedd i'r
Trallwng. Dyma'r rhan anoddaf o'r daith.
O'r diwedd daeth Harri a Rhys at ei gilydd
ar Gefn Digoll uwchben y Trallwng.
Cytunodd Rhys i gefnogi Harri.

Gair allweddol

gwystl: person sy'n cael ei ddal yn gaeth gan un ochr er mwyn rhoi pwysau ar yr ochr arall

Y Brodyr Stanley

Gorymdeithiodd byddin Harri yn
ei blaen i Amwythig. Ymunodd
dynion o Wynedd ag ef. Roedd
Harri'n disgwyl cwrdd â'r brodyr
Stanley yma, ond ddaethon nhw
ddim. Roedd y Brenin Richard III
wedi cipio mab yr Arglwydd Stanley
ac roedd yn ei ddal yn wystl.

*Paentiad diweddarach o'r hen Borth
Cymreig yn Amwythig. Daeth Harri
i fewn i'r dref trwy'r porth yma.*

Y ddwy fyddin yn agosáu

Roedd byddin Richard o ryw 10,000
o ddynion yn gorymdeithio i Market
Bosworth yn swydd Gaerlŷr. Roedd Harri,
â thua 7,000 o ddynion, yn gorymdeithio
tuag at Richard. Roedd gan y teulu Stanley
3,000 o ddynion a gyrhaeddodd faes y gad
ar wahân. Doedd y brodyr Stanley ddim
yn gwybod o hyd pwy i gefnogi; wedi'r
cyfan roedd mab yr Arglwydd Stanley
yn cael ei ddal yn wystl o hyd gan y
Brenin Richard.

Brwydr Maes Bosworth

A fedrwch ffeindio Richard a'i goron?

Ar 22 Awst am ganol dydd dechreuodd y ddwy fyddin ymladd. Roedd gan Richard fwy o filwyr na Harri. Roedd Harri ei hun, gyda grŵp bychan o filwyr, wedi ei dorri i ffwrdd oddi wrth y brif frwydr. Gwelodd Richard hynny a phenderfynodd mai'r ffordd gyflymaf o ddod â'r frwydr i ben oedd lladd Harri. Ymosododd, gan arwain ei filwyr ei hun. Ymladdodd gwarchodwyr Harri yn ddewr ond cafodd ei fanerwr ei ladd. Dyma pryd y penderfynodd

Syr William Stanley, a oedd wedi sefyll yn ôl a gwylio'r ddwy fyddin yn ymladd, helpu Harri.

Ar y funud olaf, daeth Syr William Stanley a 3,000 o ddynion i achub Harri. Cafodd milwyr Richard eu gyrru ar wasgar gan ei adael ef i ymladd ar ei ben ei hun. Yn ôl y chwedl, gwrthododd Richard ffoi ar gefn ceffyl a datganodd y byddai'n 'marw fel brenin, neu'n ennill buddugoliaeth'. Cafodd ei ladd.

Harri Tudur yn frenin

Gwaeddodd milwyr Harri, 'Duw Gadwo'r Brenin Harri, Duw Gadwo'r Brenin Harri'. Yn ôl y stori, cafodd coron Richard ei ddarganfod o dan lwyn o ddrain. Cymerodd yr Arglwydd Stanley hi a'i gosod ar ben ei lysfab. Y Brenin Harri VII oedd brenin olaf Lloegr i ennill y goron mewn brwydr gan ladd y brenin o'i flaen.

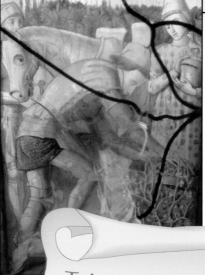

Beth mae'r llun yn ei ddangos?

Meddyliwch!

1. Pam penderfynodd y teulu Stanley aros cyn dod i helpu Harri, a chyrraedd y frwydr fel byddin ar wahân?
2. Pam penderfynodd y teulu Stanley ei bod yn well cefnogi Harri, yn hytrach na Richard? (Does dim atebion cywir neu anghywir i'r cwestiynau hyn. Rhaid i chi, fel unrhyw hanesydd arall, wneud awgrymiadau ar sail y dystiolaeth).
3. Pam y byddai rhai pobl yn galw Harri Tudur yn lwcus?

TASG

Dychmygwch cael cyfweliad â Harri ar ôl ei fuddugoliaeth yn Bosworth a pharatowch restr o gwestiynau ar ei gyfer. Meddyliwch am y cyfnod cyn y frwydr, y frwydr ei hun a'r dyfodol. Rhowch aelod o'r dosbarth yn y 'gadair boeth' a gofynnwch eich cwestiynnau iddi/iddo.

Harri VII a Lloegr

Gair allweddol

llinach:
    teulu o genhedlaeth
    i genhedlaeth, fel arfer
    teuluoedd brenhinol

Y fedal aur a gynhyrchwyd i ddathlu priodas Harri VII ac Elisabeth York.

Pam dewisodd Harri VII y rhosyn hwn ar gyfer symbol ei deulu?

Mae llawer o haneswyr yn credu bod Harri yn frenin pwysig iawn. Gosododd y sylfeini i Loegr ddod yn wlad gryf a phwerus yn yr unfed ganrif ar bymtheg (16g.).

- Bu'n frenin am 24 blynedd. Gorchfygodd ei holl elynion ac roedd 12 blynedd olaf ei deyrnasiad yn heddychlon.

- Daeth â'r ymladd rhwng yr Iorciaid a'r Lancastriaid i ben.

- Priododd ag Elizabeth York er mwyn dod â'r ddau deulu at ei gilydd.

- Newidiodd ef y llysoedd barn a gwellodd gyfraith a threfn.

- Gwnaeth ef y Goron yn gyfoethog eto.

- Anogodd fordeithiau i Ogledd America. Dechreuodd hyn oes newydd o deithiau darganfod.

- Trefnodd briodasau i'w blant â theuluoedd brenhinol eraill yn Ewrop, ac roedd gwledydd eraill yn credu bod Lloegr yn bwerus eto.

- Cadwodd llinach y Tuduriaid yr heddwch a llywodraethodd am dros 100 mlynedd.

- Mae ei fab, Harri VIII, a'i wyres, Elisabeth I, yn ddau o'r mwyaf enwog o frenhinoedd a breninesau Lloegr. Roedd gwaith Harri yn sylfaen i'w llwyddiant nhw.

Mae Harri VII yn cael ei gofio fel un o frenhinoedd cryfaf Lloegr, ond beth wnaeth Harri dros Gymru?

Geiriau allweddol

llys: llys barn lle mae pobl yn sefyll prawf ond hefyd mae'n golygu'r man lle mae'r rheolwr yn byw ac yn cadw gweision a dilynwyr a'r llywodraeth, e.e. llys Lloegr

esgob: arweinydd yr Eglwys

y gororau: ardal ar y ffin rhwng Cymru a Lloegr

Iwmyn y Gard: gwarchodwyr personol y brenin

Roedd llawer iawn o Gymry wedi helpu Harri yn Bosworth, ac roedd eu cefnogaeth wedi dod â buddugoliaeth iddo. I'r Cymry a oedd yn ei gefnogi, Cymro oedd Harri a oedd wedi dod yn frenin. Nawr, roeddent yn disgwyl gwobrau am eu cefnogaeth.

Beth wnaeth Harri dros y Cymry

- Gwnaeth filwyr o Gymru a oedd wedi ymladd yn Bosworth yn Iwmyn y Gard.

- Daeth y ddraig goch ar gefndir gwyn a gwyrdd yn un o'i arwyddion.

- Galwodd ei fab hynaf yn Arthur, ar ôl y Brenin Arthur, y brenin chwedlonol.

- Daeth â thelynor o Gymro i lys Lloegr.

- Dathlodd Ddydd Gŵyl Ddewi yn llys Lloegr.

- Gwobrwyodd Siaspar Tudur.

- Gwobrwyodd Rhys ap Thomas.

- Gwobrwyodd Syr William Stanley trwy roi llawer o dir a swyddi iddo.

- Penodwyd Cymry yn esgobion yng Nghymru.

- Rhwng 1505 a 1508 cafodd wared ar yr hen gyfreithiau gwrth-Gymreig yn rhannau o ogledd-ddwyrain Cymru (20 blynedd ar ôl dod yn frenin).

- Penderfynodd llawer o Gymry adael Cymru a mynd i Lundain i gael swyddi yn llys y Brenin a cheisio gwneud eu ffortiwn.

- Yn 1501 sefydlodd lys barn yn Llwydlo i ddechrau gwneud rhywbeth ynglŷn â phroblemau cyfraith a threfn yng Nghymru ac ar y gororau.

Dyma beth mae un hanesydd, C. S. Davies, wedi ei ysgrifennu am Harri a Chymru:

Unwaith fod Harri'n frenin, doedd ganddo ddim rheswm i blesio'r Cymry. Ychydig a wnaeth dros y Cymry, er bod sawl Cymro unigol wedi gwneud gyrfa iddo'i hun yn y llys.

Meddyliwch!

1. Darllenwch drwy'r rhestr o bethau a wnaeth Harri dros Gymru. Pam gwnaeth Harri bob un o'r pethau ar y rhestr uchod? Pwy roedd Harri'n ceisio eu plesio? Pa bethau ar y rhestr fyddai, efallai, wedi helpu pobl gyffredin Cymru? Pa bethau a wnaeth er mwyn gwneud ei hun yn frenin cryf dros Loegr?

2. Darllenwch y dyfyniad gan C. S. Davies. Pa dystiolaeth fyddech chi'n ei rhoi o blaid y geiriau? Pa dystiolaeth fyddech chi'n ei rhoi yn eu herbyn?

39

A wnaeth Harri VII les i Gymru neu beidio?

Geiriau allweddol

ymrafael: cwerylon hyd ymladd
cyrchoedd: ymosodiadau
herwgipio: cipio pobl a'u dal
uchelgeisiol: yn anelu'n uchel

Darllenwch yr adroddiadau hyn am Gymru yn y 1530au:

- *Ymrafael, llofruddiaethau, cyrchoedd wedi eu trefnu ar drefi, dwyn gwartheg, herwgipio, ymosodiadau ar fasnachwyr, a môr-ladrata – dyma rai, ond nid y cyfan, o'r rhestr o weithgareddau terfysglyd.*

- *Roedd bywyd y 50 y cant neu ragor o deuluoedd, a oedd yn cynnwys y ffermwyr, y bythynwyr a'r llafurwyr mwyaf tlawd, yn llwm iawn o hyd.*

- *Pan ddaeth John Leland i Gymru doedd ganddo fawr ddim da i'w ddweud am y trefi a welodd: 'yn ôl safonau Lloegr roeddent yn fach, roedd llawer ohonynt yn dirywio, ac roedd y trigolion yn dlawd.'*

Pa argraff mae'r adroddiadau hyn yn ei rhoi am Gymru ym mlynyddoedd cynnar y Tuduriaid?

Pa argraff y maent yn ei rhoi am effaith Harri VII ar Gymru?

Ar y llaw arall, roedd George Owen, tirfeddiannwr cyfoethog a oedd yn byw ar ddiwedd y ganrif, yn credu bod Harri wedi gwneud lles i Gymru. Aelod o ddosbarth yr uchelwyr oedd Owen.

Yr uchelwyr, neu'r bonedd, oedd y bobl fwyaf cyfoethog yng Nghymru. Roeddent yn cyfri am 5 y cant o'r boblogaeth. Nhw oedd biau'r tir ac roeddent yn byw mewn tai braf. Yn y can mlynedd ar ôl i Harri VII ddod i'r orsedd, daethant hyd yn oed yn fwy cyfoethog. Priododd llawer o uchelwyr Cymru ag aelodau o deuluoedd Lloegr.

Ar ôl i Harri ddod yn frenin aeth llawer o Gymry uchelgeisiol i Lundain. Cafodd rhai ohonynt swyddi yn y llys a bu eraill yn cymryd rhan mewn masnach a busnes. Oherwydd cysylltiadau Cymreig Harri, daeth yn ffasiynol i fod yn Gymro. Daeth llawer o Gymry yn gyfoethog gan ddefnyddio eu harian wedyn i brynu tiroedd yng Nghymru.

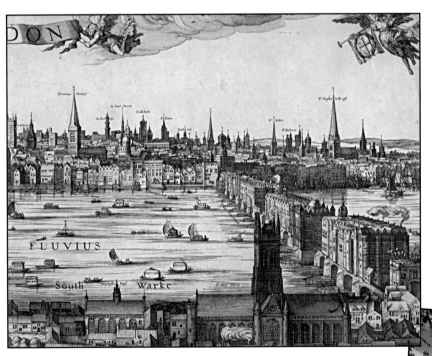

Llundain yn 1600. Wrth edrych ar y llun a fedrwch awgrymu pam byddai'r Cymry eisiau mynd i Lundain?

Y Deddfau Uno

Gair allweddol

y Senedd: corff y lywodraeth sy'n creu cyfreithiau, ar y pryd hynny yn cynnwys y brenin a chynrychiolwyr yr uchelwyr

Yn ystod teyrnasiad Harri VIII, mab Harri VII, pasiodd Senedd Lloegr ddeddfau a gafodd eu galw'n Ddeddfau Uno. O ganlyniad, cafodd yr uchelwyr yng Nghymru y gwaith o gasglu trethi a chadw'r heddwch. Am y tro cyntaf, etholodd Cymru Aelodau Seneddol i fynd i eistedd yn Senedd Lloegr. Roedd yr ASau yn uchelwyr ac yn Gymry. Yn ogystal â bod yn gyfoethog, yr uchelwyr erbyn hyn oedd y bobl fwyaf pwerus yng Nghymru.

Meddyliwch!

Yn 1602 ysgrifennodd George Owen lyfr yn dweud bod Harri VII yn arweinydd mawr a oedd wedi helpu'r Cymry. Roedd Harri wedi marw ac ei wyres, Elisabeth I, oedd y frenhines.

- Pwy fyddai'n gallu darllen ei eiriau?

- Pa fath o ffordd o fyw oedd ganddo ef ac aelodau eraill o ddosbarth yr uchelwyr?

- Pam, yn eich barn chi, roedd gan George Owen gymaint o feddwl o Harri Tudur?

- Pa fath o bobl fyddai, efallai, yn anghytuno â barn George Owen?

41

Syr Christopher Vaughan o Dre-tŵr, uchelwr. Sut mae'r llun yn dangos bod yr uchelwyr yn gyfoethog a phwerus?

TROBWYNT

Ar ddechrau'r bennod hon, gofynnwyd ichi feddwl a oedd teyrnasiad Harri yn drobwynt yn hanes Cymru. Nid yw hyn yn hawdd iawn gan fod pobl yn meddwl yn wahanol am Harri VII a'r pethau a wnaeth.

Mae rhai pobl wedi dweud bod llawer o siom yng Nghymru gyda Harri. Ar y llaw arall, gwnaeth llawer o Gymry unigol yn dda iawn. Roedd teyrnasiad Harri yn 'drobwynt' i rai pobl yng Nghymru ond, i eraill, ychydig iawn a newidiodd ac aeth bywyd yn ei flaen yn yr un ffordd.

Ydy Harri VII yn haeddu cerflun yn y casgliad o arwyr Cymru yn Neuadd y Ddinas, Caerdydd?

Arwr Cymreig

Bradychwr Cymreig

TASG

Edrychwch ar y pwyntiau. Mae rhai o blaid cynnwys Harri yn y casgliad o arwyr Cymru ac mae rhai yn dadlau yn erbyn hyn.

Trafodwch y pwyntiau gyda phartner a rhowch nhw mewn dau grŵp – un grŵp o blaid ac un grŵp yn erbyn.

- Roedd Harri'n Gymro a ddaeth yn frenin Lloegr.
- Y peth pwysicaf i Harri oedd gwneud yn siŵr ei fod yn aros yn frenin a bod y Goron yn gyfoethog.
- Daeth cefnogwyr Harri, llawer ohonynt yn Gymry, yn fwy cyfoethog a phwerus ar ôl iddo ddod yn frenin.
- Mae'n wir bod Harri wedi gwobrwyo ei gefnogwyr yn dda, ond ni wnaeth ddim dros y rhan fwyaf o bobl Cymru.
- Ar ôl 1485, ni ddaeth Harri byth yn ôl i Gymru.
- Gan mlynedd ar ôl marw Harri, roedd Cymru'n cael ei rheoli gan yr uchelwyr o deuluoedd Cymreig.
- Ar ddiwedd ei deyrnasiad, roedd y deddfau gwrth-Gymreig, a gafodd eu pasio adeg gwrthryfel Owain Glyndŵr, yn dal yn y llyfrau cyfraith ar gyfer y rhan fwyaf o Gymru.
- Roedd yr uchelwyr yn byw mewn tai newydd braf. Nid oedd rhaid iddynt fyw mewn cestyll i'w hamddiffyn eu hunain.
- Roedd pobl Cymru yn deyrngar i'r Tuduriaid. Bu gwrthryfela yng Nghernyw, gogledd Lloegr ac Iwerddon, ond nid yng Nghymru.
- Roedd Harri'n filwr mawr. Roedd ei fuddugoliaeth ym Maes Bosworth, gyda thraean o'i fyddin yn Gymry, yn glod i Gymru yn ogystal ag i Harri ei hun.
- Ni wnaeth Harri ddim i helpu'r iaith Gymraeg. Yn ystod ei deyrnasiad, roedd pobl uchelgeisiol yn meddwl ei bod yn bwysig dysgu Saesneg gan y byddai hyn yn eu helpu i gael swyddi gwell yn gyffredinol a swyddi yn y llywodraeth.

Amser barnu!

Nawr mae'n amser penderfynu beth rydych chi'n ei feddwl. Gan ddefnyddio'r dystiolaeth uchod ac unrhyw bwyntiau eraill rydych chi'n gallu meddwl amdanynt, ysgrifennwch baragraff yn cefnogi un ochr neu'r llall.

Beth mae'ch dosbarth yn ei feddwl?

Trafodwch y pwyntiau gyda'ch athro ac yna pleidleisiwch. A fydd eich dosbarth yn pleidleisio dros gadw cerflun Harri yn Neuadd y Ddinas, Caerdydd, neu a ydych chi'n mynd i ysgrifennu at Gyngor Sir Caerdydd a gofyn iddynt gael gwared arno?

1.3 Pam roedd cyfieithu'r Beibl i'r Gymraeg yn 1588 yn ddigwyddiad pwysig yn hanes Cymru?

Gair allweddol

dwyieithog:
siarad
dwy iaith

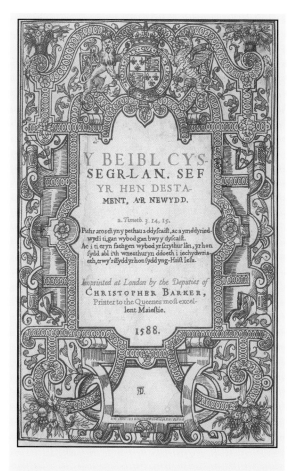

Dyma dudalen blaen y Beibl cyflawn cyntaf yn y Gymraeg. Cafodd ei gyfieithu i'r Gymraeg gan William Morgan.

Edrychwch ar y darlun, ac atebwch y cwestiynau hyn:
- Pryd cafodd ei gyhoeddi?
- Lle cafodd ei argraffu?
- Pwy oedd y Frenhines bryd hynny?
- A oedd y Frenhines yn meddwl bod argraffu'r Beibl yn Gymraeg yn syniad da?

Eich ymholiad

Yn yr ymholiad hwn, byddwch yn ceisio meddwl pam roedd hi'n bwysig cyfieithu'r Beibl i'r Gymraeg yn 1588. Roedd cyfieithu'r Beibl i'r Gymraeg yn un o'r prif resymau y llwyddodd yr iaith Gymraeg i oroesi. Mae felly'n help i egluro pam mae Cymru yn wlad ddwyieithog heddiw.

Heddiw, un peth sy'n gwneud Cymru yn wahanol i rannau eraill o Ynysoedd Prydain yw'r ffaith ei bod yn wlad **ddwyieithog**. Mae Cymraeg a Saesneg yn cael eu siarad, eu hysgrifennu a'u darllen.

43

Catholigion a Protestaniaid

Y Diwygiad Protestannaidd yn Ewrop yn yr unfed ganrif ar bymtheg

Geiriau allweddol

Diwygiad Protestannaidd: symudiad yr 16g. i ddiwygio'r Egwlys Gatholig a orffennodd â Phrotestaniaid yn torri i ffwrdd o'r Eglwys Gatholig
pererindod: taith i fan sanctaidd
creiriau: esgyrn person sanctaidd
offeren: gwasanaeth mewn eglwys Gatholig

I'ch helpu i ddeall y rhesymau pam y cafodd y Beibl ei gyfieithu i'r Gymraeg, mae angen ichi wybod am grefydd yn yr unfed ganrif ar bymtheg.

Ar ddechrau'r unfed ganrif ar bymtheg dim ond un Eglwys Gristnogol oedd. Enw'r Eglwys oedd yr Eglwys Gatholig.

Y Pab oedd ei harweinydd, ac roedd yn byw yn Rhufain. Yn 1517 bu Martin Luther, mynach o'r Almaen, yn beirniadu'r Eglwys Gatholig a'r Pab. Roedd rhai tywysogion Almaenig pwerus yn ei gefnogi. Enw cefnogwyr Luther oedd y Protestaniaid.

Y gwahaniaethau rhwng...

CATHOLIGION ∧ PHROTESTANIAID

Y Pab yn Rhufain oedd pennaeth yr Eglwys Gatholig. Ef oedd cynrychiolydd Duw ar y ddaear.

Nid oedd Protestaniaid yn **derbyn y Pab fel pennaeth yr eglwys.** Mewn rhai gwledydd Protestannaidd, gwnaeth y rheolwyr eu hunain yn ben ar yr Eglwys, er enghraifft Harri VIII yn Lloegr a Chymru.

Roedd credinwyr Catholig yn cael **cymorth yr offeiriaid i gyfathrebu (siarad) â Duw.** Roeddent hefyd yn gweddïo ar saint i ofyn iddynt siarad â Duw ar eu rhan. Weithiau, roeddent yn mynd ar bererindodau i weld creiriau saint.

Wrth weddïo, roedd Protestaniaid yn credu bod **pawb yn gallu siarad yn uniongyrchol â Duw.**

Roedd Catholigion yn credu beth roedd yr **Eglwys a'i chlerigwyr** (sef y Pab, yr esgobion, yr offeiriaid a'r mynaich) yn ei ddweud wrthynt.

Roedd Protestaniaid yn dweud mai dim ond **beth oedd wedi ei ysgrifennu yn y Beibl** y dylai pobl ei gredu.

Lladin oedd iaith gwasanaethau Catholig.

Roedd Protestaniaid yn credu y dylai'r Beibl a gwasanaethau'r eglwys fod yn **iaith y credinwyr.**

Yn ystod y gwasanaeth eglwysig pwysicaf, sef yr offeren, mae Catholigion yn credu bod **gwyrth** yn digwydd pan fydd y bara a'r gwin yn troi'n gorff a gwaed Iesu Grist.

Mae Protestaniaid yn credu mai ffordd o **gofio** Iesu yw cymryd y bara a'r gwin. Nid yw'r bara a'r gwin yn newid yn gorff a gwaed Iesu.

Roedd eglwysi Catholig yn cael eu **haddurno'r hardd** er mawl i Dduw a Christ.

Roedd llawer o eglwysi Protestannaidd yn **eithaf plaen.** Aeth rhai Protestaniaid ati i ddinistrio cerfluniau mewn eglwysi Catholig ac i wyngalchu'r waliau er mwyn cuddio'r darluniau. Roedd rhai Protestaniaid yn erbyn defnyddio cerddoriaeth mewn eglwysi.

Deall credoau Catholigion a Phrotestaniaid yn yr unfed ganrif ar bymtheg

Geiriau allweddol

cyffesu pechodau: dweud wrth offeiriad Catholig beth rydych wedi ei wneud yn anghywir
eneidiau: rhannau foesol, crefyddol pobl

Catholig ydw i

Protestant ydw i

Does gan Harri VIII ddim hawl i'w wneud ei hun yn bennaeth yr eglwys. Mae'r Pab wedi ei ddewis gan Dduw i'n harwain ar y ddaear.

Mae'n anodd i ni heddiw ddeall popeth a oedd yn bwysig i bobl a oedd yn byw yn y gorffennol. Rhaid inni gofio bod pawb yn yr unfed ganrif ar bymtheg yng ngorllewin Ewrop yn Gristion. Roedd pobl bryd hynny yn credu mai eu nod mewn bywyd oedd mynd i'r nefoedd ar ôl marw. Credai Catholigion a Phrotestaniaid fod gwahanol ffyrdd o gyrraedd yno.

Gan fod pererindodau i'r eglwys gadeiriol wedi eu gwahardd, sut bydd Mam yn cael cymorth Dewi Sant i fynd i'r nefoedd?

Welais i ddim byd yn y Beibl yn dweud bod rhaid inni fynd i'r eglwys a chyffesu ein pechodau i'r offeiriad.

Clywais sôn fod y bobl sy'n darllen y Beibl drostynt eu hunain yn cweryla. Dydyn nhw ddim yn gallu cytuno ar ystyr y geiriau.

TASG

Darllenwch eto y gwahaniaethau rhwng Catholigion a Phrotestaniaid ac yna trafodwch y brawddegau â phartner. Pa rai o'r brawddegau hyn fyddai wedi eu dweud gan Gatholig a pha rai gan Brotestant?

Rydw i'n hoff o'r hen wasanaethau Lladin. Mae pawb yn gwybod beth i'w ganu, ac mae'r offeiriad yn siarad â Duw ar ein rhan.

Gan fod y Frenhines Elisabeth wedi gwahardd yr offeren, pa siawns sydd i'n heneidiau fynd i'r nefoedd?

Os ydy pobl yn canu, dydyn nhw ddim yn gwrando ar y geiriau'n iawn. Y geiriau yw'r pethau pwysicaf.

Mae'n gysur mawr gwybod bod Duw yn gwrando ar fy ngweddi pan fydda i'n siarad ag Ef yn y nos.

Newidiadau Protestannaidd

Gair allweddol

cysegrfan: man addoli lle mae'r creiriau saint yn cael eu cadw

Cyn y 1530au, roedd pawb yng Nghymru a Lloegr yn Gatholigion ac yn mynd i'r eglwys bob dydd Sul. Roedd pentrefwyr yn aml yn falch o'u heglwys leol. Ynddi roedd pethau hardd nad oeddent yn gallu eu fforddio iddynt eu hunain – croesau aur ac arian, paentiadau ar y waliau, canwyllbrennau aur a ffenestri gwydr lliw. Mewn rhai eglwysi roedd cysegrfannau gydag esgyrn (creiriau) saint ynddynt. Roedd y rhain yn bwysig oherwydd roedd Catholigion yn credu pe byddech yn gweddïo yno y byddai'r sant yn gefn ichi yn y nefoedd. Y gysegrfan bwysicaf yng Nghymru oedd Eglwys Gadeiriol Tyddewi, lle roedd esgyrn y sant ei hun, yn ôl y sôn.

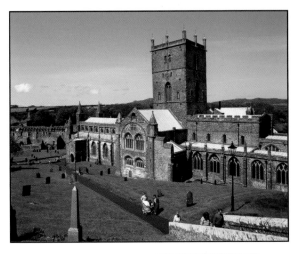

Roedd y rhan fwyaf o bobl yn credu mewn nefoedd ac uffern. Byddai mynd i'r eglwys yn rheolaidd yn eu helpu i fynd i'r nefoedd ar ôl iddynt farw. Er mai Lladin oedd iaith y gwasanaethau Catholig, roedd pobl yn gyfarwydd â'r gwasanaeth. Roeddent yn gwybod pryd i ymateb i'r offeiriad, a phryd i sefyll, eistedd neu benlinio.

Dan y Brenin Harri VIII, gwahanwyd yr Eglwys yn Lloegr a Chymru oddi wrth yr Eglwys Gatholig a throi'n 'Brotestannaidd'. Harri wedyn oedd pennaeth yr Eglwys, nid y Pab. Pan fu Harri farw, daeth ei fab ifanc Edward yn Frenin a gwnaeth ef ragor o newidiadau Protestannaidd.

Copi modern yw hwn o'r cerflun o'r Forwyn Fair ym Mhen-rhys, y Rhondda, a gafodd ei losgi gan Brotestaniaid.

Newidiadau Protestannaidd dan Edward VI (1547–1553)

- Cafodd eglwysi eu hysbeilio a lluniau ac addurniadau eu dinistrio neu'u dwyn oddi yno.
- Cafodd waliau eu gwyngalchu (i guddio paentiadau).
- Cafodd cerfluniau a chysegrfannau eu dinistrio.
- Cafodd pererindodau eu gwahardd.
- Cafodd offeiriaid a mynachod ganiatâd i briodi.
- Cafodd y Beibl yn Saesneg ei ddefnyddio yn yr eglwys.
- Daeth Saesneg yn iaith gwasanaethau'r eglwys.

Ond Cymraeg oedd iaith y rhan fwyaf o bobl Cymru ac nid oeddent yn deall Saesneg. Doedd dim croeso i'r newidiadau hyn. Ni fu gwrthryfel difrifol yng Nghymru, ond yng Nghernyw, lle roedd mwyafrif y boblogaeth yn siarad Cernyweg ar y pryd, bu gwrthryfel a barhaodd am flwyddyn. Sathrwyd arno yn galed.

TASG

Darllenwch y rhestr o newidiadau a gafodd eu gwneud dan Edward VI. Eglurwch pam roedd llawer o bobl yng Nghymru ddim yn eu hoffi.

Y Catholigion yn dychwelyd am ddim ond pum mlynedd

Merthyr Protestannaidd, Anne Askew, yn cael ei llosgi yn Lloegr.

Gair allweddol

merthyr:
rhywun a gafodd ei ladd oherwydd ei gredoau

Pan fu Edward VI farw yn 1553, daeth ei chwaer hynaf Mari yn Frenhines. Daeth hi â'r Eglwys Gatholig yn ôl.

- Newidiwyd gwasanaethau'r eglwys yn ôl i fod yn rhai Catholig, ac roedd rhaid i bawb fynd i'r eglwys bob dydd Sul.
- Roedd gwasanaethau'r eglwys yn Lladin. Yng Nghymru, roedd llawer o bobl yn falch o weld yr hen wasanaethau Catholig cyfarwydd yn ôl.
- Doedd offeiriaid ddim yn cael priodi.
- Roedd pobl a oedd yn gwrthod derbyn yr Eglwys Gatholig i gael eu llosgi wrth y stanc. Tri merthyr Protestannaidd oedd yng Nghymru. Yn Lloegr roedd 281.

Aeth Mari'n sâl a bu farw yn 1558. Daeth ei chwaer iau Elisabeth yn Frenhines Elisabeth I.

Mae'r llun hwn yn dangos arteithio Protestant gan lywodraeth Gatholig y Frenhines Mari. Ond roedd llywodraeth Elisabeth yn defnyddio dulliau tebyg i arteithio Catholigion.

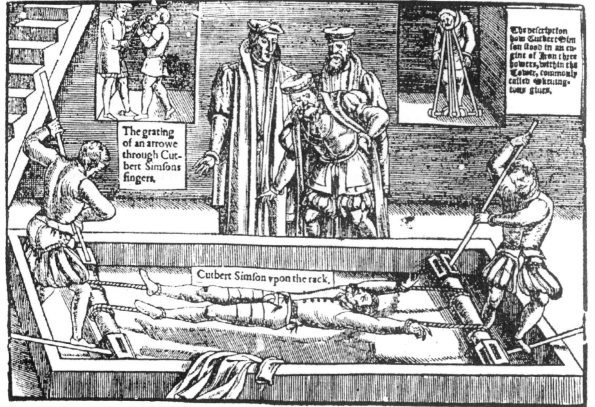

Yn yr **Alban**, cyfnither Gatholig Elisabeth oedd yn Frenhines (Mari Frenhines yr Alban), ond roedd llawer o Brotestaniaid yn anhapus dan ei llywodraeth.

Roedd llywodraeth Lloegr yn honni ei bod yn llywodraethu **Iwerddon**. Dim ond yr ardal o gwmpas Dulyn oedd yn gadarn dan ei rheolaeth. Catholigion oedd y rhan fwyaf o'r Gwyddelod.

Pan ddaeth y Frenhines Elisabeth yn Frenhines **Lloegr** yn 1558, daeth Lloegr a Chymru'n wledydd Protestanaidd eto. Roedd Lloegr a Chymru wedi troi'n Brotestannaidd gyntaf yn ystod teyrnasiad tad Elisabeth, sef Harri VIII (1534–1547) ac yn ystod teyrnasiad ei brawd, Edward (1547–1553). Roedd ei chwaer, Mari Tudur (1553–1558) wedi gwneud y wlad yn Gatholig eto.

Roedd **Cymru** a Lloegr yn rhannu'r un grefydd swyddogol. Ond nid oedd y rhan fwyaf o bobl yn hoffi'r gwasanaethau Protestannaidd newydd am eu bod yn Saesneg ac am mai dim ond Cymraeg roedden nhw'n ei deall.

Sbaen oedd y wlad Gatholig fwyaf pwerus yn Ewrop. Roedd y Protestaniaid wedi diflannu bron yn llwyr yno.

LLUNDAIN

PARIS

Gwlad Gatholig oedd **Ffrainc**. Ond roedd y Protestaniaid yn grŵp pwerus ac am y rhan fwyaf o deyrnasiad Elisabeth, roedd Protestaniaid a Chatholigion Ffrainc yn ymladd â'i gilydd.

48

Roedd Philip II, Brenin **Sbaen**, wedi priodi Mari Tudur. Pan fu Mari farw yn 1588, roedd ar Philip eisiau dal ei afael ar Loegr trwy briodi chwaer iau Mari, Elisabeth. Gwrthod wnaeth Elisabeth.

LISBON

CADIZ

TASG

Gwnewch restr o wledydd a oedd ag arweinwyr Protestannaidd yn 1558, pan ddaeth Elisabeth yn Frenhines, a rhestr o'r gwledydd oedd ag arweinwyr Catholig. Ym mha wledydd yn eich barn chi roedd ymladd rhwng Protestaniaid a Chatholigion?

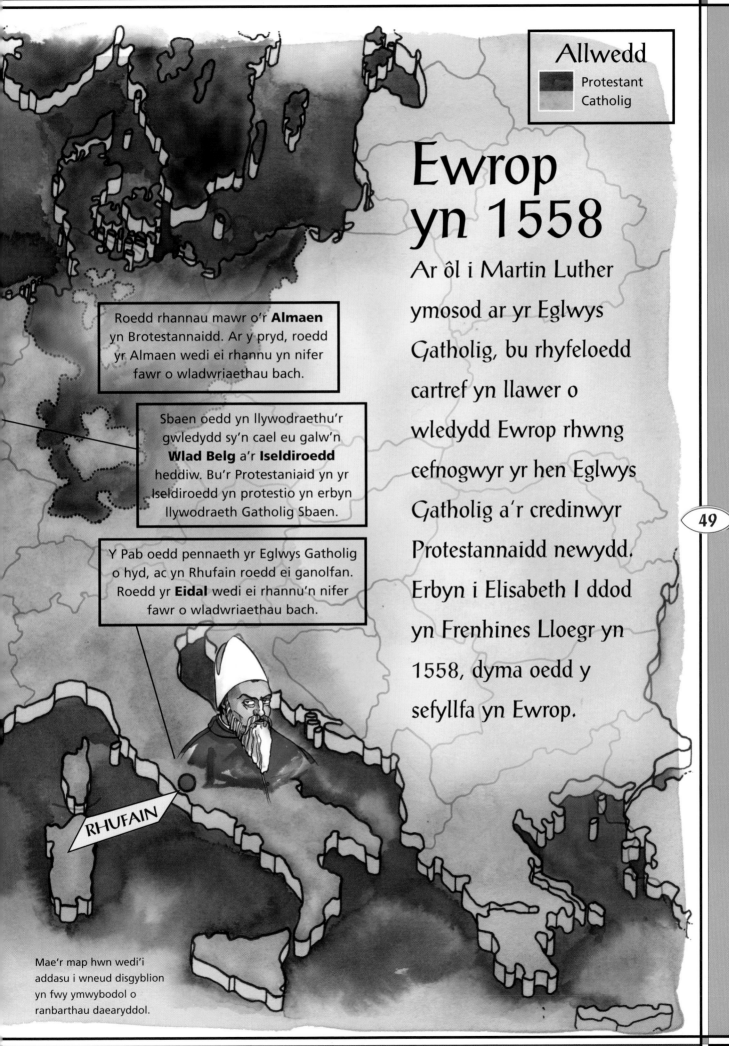

Allwedd

Protestant
Catholig

Ewrop yn 1558

Ar ôl i Martin Luther ymosod ar yr Eglwys Gatholig, bu rhyfeloedd cartref yn llawer o wledydd Ewrop rhwng cefnogwyr yr hen Eglwys Gatholig a'r credinwyr Protestannaidd newydd. Erbyn i Elisabeth I ddod yn Frenhines Lloegr yn 1558, dyma oedd y sefyllfa yn Ewrop.

Roedd rhannau mawr o'r **Almaen** yn Brotestannaidd. Ar y pryd, roedd yr Almaen wedi ei rhannu yn nifer fawr o wladwriaethau bach.

Sbaen oedd yn llywodraethu'r gwledydd sy'n cael eu galw'n **Wlad Belg** a'r **Iseldiroedd** heddiw. Bu'r Protestaniaid yn yr Iseldiroedd yn protestio yn erbyn llywodraeth Gatholig Sbaen.

Y Pab oedd pennaeth yr Eglwys Gatholig o hyd, ac yn Rhufain roedd ei ganolfan. Roedd yr **Eidal** wedi ei rhannu'n nifer fawr o wladwriaethau bach.

RHUFAIN

Mae'r map hwn wedi'i addasu i wneud disgyblion yn fwy ymwybodol o ranbarthau daearyddol.

Meddyliwch! Allwch chi egluro'r diagram hwn i bartner?

Elisabeth yn gwneud yr Eglwys yn Brotestannaidd eto

Pan ddaeth Elisabeth yn Frenhines, daeth yr Eglwys yn Brotestannaidd eto, ond doedd ei Phrotestaniaeth ddim mor eithafol ag un Edward.

- Daeth gwasanaethau eglwys Protestannaidd yn ôl ac roedd rhaid i bawb fynd i wasanaethau eglwys Protestannaidd bob dydd Sul.
- Roedd gwasanaethau'r eglwys yn Saesneg eto.
- Roedd Beibl Saesneg yn lle Beibl Lladin ym mhob eglwys.
- Roedd offeiriaid yn cael priodi eto.
- Newidiwyd y Llyfr Gweddi fel ei fod yn llai Protestannaidd nag oedd dan Edward.

Ond roedd llywodraeth Elisabeth yn gwybod bod y newidiadau Protestannaidd wedi bod yn amhoblogaidd yng Nghymru yn arbennig yn ystod teyrnasiad Edward. Roeddent yn ofni efallai y byddai gwasanaethau Protestannaidd yn Saesneg mewn eglwysi yn troi'r Cymry yn erbyn y llywodraeth.

- Llwyddodd y llywodraeth i gael y Senedd i basio deddf yn 1563 yn gorchymyn bod y Llyfr Gweddi a'r Beibl yn cael eu cyfieithu i'r Gymraeg.
- Erbyn dechrau'r 1580au roedd y gwaith o gyfieithu'r Beibl i'r Gymraeg yn dal heb ei orffen. Roedd Protestaniaid Cymru yn credu nad oedd yr Eglwys yn gwneud digon i annog y grefydd newydd yng Nghymru.
- Roedd y 1580au yn amser peryglus. Roedd Lloegr Brotestannaidd yn symud tuag at ryfel yn erbyn Sbaen Gatholig. A fyddai'r Cymry yn deyrngar i'r Frenhines, yn enwedig gan fod y newidiadau a gafodd eu haddo yn 1563 yn dal heb ddigwydd?

Bydd gwybodaeth a thasgau ar y tudalennau nesaf yn eich helpu i ddeall pam roedd y 1580au yn amser peryglus.

A.

Dosbarthwch y gosodiadau ar dudalennau 52 a 53 yn dair set ar sail digwyddiadau yn

1 Sbaen a'r Iseldiroedd;
2 Lloegr;
3 Cymru.

Digwyddiadau yn Sbaen a'r Iseldiroedd
1558–1588

Digwyddiadau yn Lloegr
1558–1588

Digwyddiadau yng Nghymru
1558–1588

B.

Ar ôl ichi ddosbarthu'r digwyddiadau dan y penawdau hyn, gosodwch nhw yn nhrefn amser.

C.

Cwestiynau ar y gosodiadau.

1. Edrychwch ar y digwyddiadau sy'n ymwneud â Sbaen a'r Iseldiroedd.
a) Beth wnaeth Sbaen yn 1571 a 1580?
b) Pam mae'r digwyddiadau hyn yn help i egluro pam roedd y Sbaenwyr yn cael eu hofni yng Nghymru a Lloegr?
c) Edrychwch yn ôl ar y map. Pam roedd llywodraeth Lloegr yn ofni bod gan Sbaen lawer o filwyr yn yr Iseldiroedd?
ch) Chwiliwch am dri rheswm y gallai Philip o Sbaen eu rhoi i egluro pam roedd yn ymosod ar Loegr a Chymru yn 1588.

2. Edrychwch ar y digwyddiadau sy'n ymwneud â Lloegr.
a) Pwy fyddai'r Catholigion yng Nghymru a Lloegr wedi hoffi ei chael yn Frenhines yn lle Elisabeth?
b) Sut gwnaeth y Catholigion fygwth Elisabeth yn y blynyddoedd hyn?
c) Pam yn eich barn chi gwnaeth Elisabeth ddienyddio ei chyfnither, Mari Frenhines yr Alban?

3. Edrychwch ar y digwyddiadau sy'n ymwneud â Chymru.
a) Pam roedd Cyfrin Gyngor y Frenhines Elisabeth yn poeni am Gymru yn y 1580au?
b) Beth oedd tasg William Morgan?

Ch.

Edrychwch ar y lluniau ar dudalennau 54 a 55 a darllen amdanynt. Maent yn rhoi gwybodaeth fanylach ichi am ddigwyddiadau yn 1587. Welwch chi gysylltiad rhyngddyn nhw? Ysgrifennwch baragraff i egluro eich syniadau.

51

Digwyddiadau yn Sbaen, yr Iseldiroedd, Lloegr a Chymru

Bwriedir i'r tudalennau hyn gael eu defnyddio ar gyfer ymarfer dosbarthu cardiau. Dylid eu llungopïo a'u gwneud yn gardiau.

1558-1588

1586
(Awst) Llysgennad Sbaen yn Llundain yn ysgrifennu at Frenin Sbaen yn dweud wrtho fod pobl Cymru 'yn hoff iawn o'r grefydd Gatholig ac o Frenhines yr Alban'.

1588
(Mai) Armada Sbaen (134 o longau) yn gadael Sbaen i ymosod ar Loegr a Chymru.

1559
Senedd Loegr yn pasio deddfau i wneud Lloegr yn wlad Brotestannaidd eto.

1563
(Ebrill) Pasio Deddf cyfieithu'r Beibl i'r Gymraeg oherwydd pryder esgobion Cymru na allai pobl Cymru ddeall y gwasanaethau eglwysig Protestannaidd a oedd yn cael eu cynnal yn Saesneg.

1566
Y gwrthryfel yn yr Iseldiroedd yn erbyn Sbaen yn dechrau.

1578
William Morgan, ficer Llanrhaeadr-ym-Mochnant, yn dechrau ar y gwaith o gyfieithu'r Beibl i'r Gymraeg.

1586
(Mai) Cyfrin Gyngor y Frenhines Elisabeth yn poeni am y diffyg brwdfrydedd dros y grefydd Brotestannaidd yng Nghymru ac am gyfarfodydd anghyfreithlon o Gatholigion yno.

1571
Y Sbaenwyr yn ennill brwydr fawr ym Môr y Canoldir yn erbyn y Twrciaid.

1588
Cyhoeddi'r cyfieithiad Cymraeg o'r Beibl.

1568

Mari Frenhines yr Alban yn dianc o'r carchar yn yr Alban ac yn ffoi i Loegr. Elisabeth yn carcharu'r ferch Gatholig oedd â'i llygad ar yr orsedd.

1588

(Gorffennaf) Armada Sbaen yn cyrraedd dyfroedd Lloegr ddiwedd y mis. Methu glanio. O 134 o longau dim ond 60 yn dychwelyd i Sbaen. Bron 19,000 o ddynion yn marw.

1580

Sbaen yn cymryd Portiwgal drosodd.

1587

William Morgan yn treulio'r rhan fwyaf o'r flwyddyn yn Llundain yn paratoi'r Beibl Cymraeg i'w gyhoeddi.

1587

(Chwefror) Darganfod gwasg argraffu gudd mewn ogof ar Drwyn y Fuwch ger Llandudno.

1569

Gwrthryfel y Gogledd yn dechrau. Gwrthryfel Catholig mawr yn erbyn Elisabeth.

1587

(Ebrill) Syr Francis Drake yn dinistrio 30 o longau Sbaen ym mhorthladd Cadiz yn ne Sbaen.

1585

Y Frenhines Elisabeth yn anfon byddin i helpu'r Iseldirwyr oedd yn ymladd yn erbyn y Sbaenwyr yn yr Iseldiroedd.

1571–1586

Nifer o gynllwynion Catholig yn erbyn Elisabeth a thri ymgais i'w llofruddio.

1587

(Chwefror) Philip o Sbaen ac arweinwyr Catholig eraill yn condemnio dienyddio Mari Frenhines yr Alban.

1587

(Chwefror) Dienyddio Mari Frenhines yr Alban ar ôl iddi gael ei chyhuddo o gefnogi cynllwyniau yn erbyn Elisabeth.

Mae'r llun hwn yn dangos dienyddio'r Frenhines Gatholig, Mari Frenhines yr Alban, ym mis Chwefror 1587. Roedd wedi ei chyhuddo o gynllwynio i ladd ei chyfnither, Brenhines Brotestannaidd Lloegr a Chymru, Elisabeth I.

Digwyddiadau yn
1587

Digwyddodd yr holl ddigwyddiadau hyn yn 1587. Mae cysylltiad agos rhyngddynt i gyd.

Bu Lloegr a Chymru a oedd yn wledydd Protestannaidd, yn cweryla â Sbaen Gatholig trwy gydol teyrnasiad Elisabeth I o 1558 i 1603. Yn 1587, roedd Philip II, Brenin Sbaen, yn cynllunio i ymosod ar Loegr a Chymru. Yn Ebrill 1587, ymosododd Syr Francis Drake, capten llongau o Sais, gyntaf. Suddodd ei fflyd ef 30 o longau Sbaen ym mhorthladd Cadiz.

Yn ystod teyrnasiad Elisabeth, roedd yn erbyn y gyfraith i Gatholigion fynd i'w gwasanaethau crefyddol eu hunain. Roedd offeiriaid Catholig, fodd bynnag, yn dod i Gymru a Lloegr ac yn cynnal gwasanaethau'n gyfrinachol. Roedd Elisabeth a'i gweinidogion yn poeni y byddai pobl a oedd yn dal i gredu yn yr Eglwys Gatholig yn cefnogi'r Sbaenwyr petai Sbaen yn ymosod ar Loegr a Chymru. Yn Chwefror 1587 daeth i'r amlwg bod ogof ar Drwyn y Fuwch, ger Llandudno, wedi ei defnyddio i guddio offeiriaid Catholig ac i argraffu llyfrau Catholig.

'Yn Sir Gaernarfon . . . mae ogof ar lan y môr, cyrchfan i offeiriaid Catholig yn yr ardal hon. Daethpwyd o hyd iddynt gan gymydog a welodd yng ngheg yr ogof un neu ddau ohonynt gyda phistol . . . siaradodd ef â hwy a'u cael yn ddynion dieithr . . . Trannoeth darganfuwyd yn yr ogof arfau, bwyd ac allor . . .'

Wedi'i addasu o lythyr gan William Griffith, UH, at Archesgob Whitgift, ar 19 Ebrill 1587. Yn yr ogof hon y cafwyd hyd i wasg argraffu gyfrinachol; roedd yn gyfrinachol gan ei bod yn anghyfreithlon argraffu llyfrau neu bamffledi Catholig pryd hynny.

Digwyddiadau yn
1587

Un o amcanion eich ymholiad yw darganfod

PAM?

55

Mae'r llun hwn yn dangos y math o weithdy argraffu y byddai'r ficer Protestannaidd o Gymro, William Morgan, wedi gweithio ynddo, yn Llundain yn ystod 1587. Ef oedd yn gyfrifol am argraffu'r Beibl yn Gymraeg. Roedd Archesgob Caergaint, John Whitgift, wedi gorchymyn i Morgan ddod i Lundain i wneud yn siŵr bod y Beibl Cymraeg yn cael ei gyhoeddi.

Pam roedd Cymru'n bwysig i lywodraeth y Frenhines Elisabeth?

Ar y tudalennau nesaf bydd mwy o fanylion am ddigwyddiadau yng Nghymru. Bydd hyn yn eich helpu i ddeall pam roedd cyfieithu'r Beibl i'r Gymraeg mor bwysig.

Mae'r môr yn amgylchu Cymru ar dair ochr. Y gred oedd mai ar Ynys Môn ac yn Aberdaugleddau yr oedd y porthladdoedd gorau

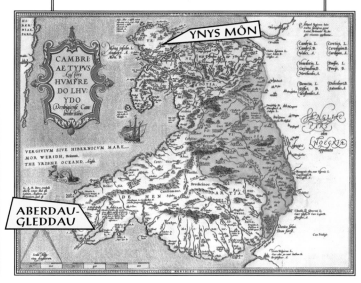

YNYS MÔN

ABERDAU-GLEDDAU

Roedd y flwyddyn 1587 yn adeg beryglus i'r Frenhines Elisabeth. Cafodd Mari Frenhines yr Alban, ei chyfnither Gatholig, ei dienyddio. Gwylltiodd hynny Sbaen, y wlad Gatholig fwyaf pwerus yn Ewrop. Roedd perygl y byddai rhyfel rhwng y ddwy wlad. Ar yr adeg hon o berygl mawr rhoddodd John Whitgift, Archesgob Caergaint, orchymyn i William Morgan, ficer Llanrhaeadr-ym-Mochnant, ddod i Lundain i ofalu am argraffu'r Beibl Cymraeg. **Pam roedd cyhoeddi'r Beibl mor bwysig yn 1587?**

Yn 1550, tua 225,000 oedd poblogaeth Cymru. Roedd y rhan fwyaf o bobl yn byw mewn pentrefi bychan a chartrefi unig. Roedd nifer fach o bobl yn byw mewn trefi. Y dref fwyaf oedd Caerfyrddin gyda phoblogaeth o ychydig dros 2,000.

Dyma ddisgrifiad Bernardino de Mendoza, llysgennad Sbaen i Lys Lloegr, o Gymru yn 1586:

'Yn Ne a Gogledd Cymru, mae'r tir braidd yn fynyddig, ond mae'r wlad yn llawn defaid a gwartheg. Mae digon o wenith ac mae llawer o borthladdoedd da.'

Roedd Cymru'n agos i Iwerddon. Roedd llywodraeth Elisabeth yn cael trafferth i reoli Iwerddon. Roedd syniadau Protestannaidd yn amhoblogaidd yno ac efallai y byddai

gwrthryfelwyr Gwyddelig yn hapus i gefnogi Sbaen. Gallai Iwerddon fod yn lle da i ddechrau ymosodiad ar Gymru a Lloegr.

Roedd Morys Clynnog, alltud Catholig a oedd yn byw yn Rhufain, wedi gwneud cynllun ymosod ar gyfer y Pab yn 1575. Roedd wedi atgoffa'r Pab bod taid Elisabeth, Harri VII, wedi arwain ymosodiad llwyddiannus ar ôl glanio yng Nghymru.

Meddyliwch!

Roedd Philip, Brenin Sbaen, yn cynllunio i ymosod ar Loegr a Chymru. Gan ddefnyddio'r wybodaeth ar y tudalen hwn, rhowch resymau dros ac yn erbyn glanio byddin Sbaen yng Nghymru. Copïwch y tabl isod a'i lenwi â'ch syniadau.

Rhesymau dros lanio byddin ymosod Philip II o Sbaen yng Nghymru

1 _____
2 _____
3 _____

Rhesymau yn erbyn glanio'r fyddin ymosod yng Nghymru

1 _____
2 _____
3 _____

56

Cyfraith a threfn yng Nghymru

Geiriau allweddol

herwr: yn eisiau gan
y gyfraith
siryf: swyddog wedi'i
apwyntio i gadw
gyfraith a threfn

Roedd môr-ladrata ar hyd arfordir Cymru yn gyffredin. Yn 1569 dywedwyd bod gan fôr-ladron ganolfan ar Ynys Enlli. Roeddent yn cydweithio â phobl Sir Gaernarfon a fyddai'n mynd â'r nwyddau oedd wedi eu lladrata i'w gwerthu yn ffeiriau a marchnadoedd Caer. Yn aml, câi swyddogion y llywodraeth, fel Edward Kemys o Gefn Mabli ym Morgannwg, a oedd yn siryf, eu cyhuddo o gydweithio â môr-ladron.

Roedd gan Gymru enw drwg fel lle peryglus a gwyllt yn amser y Tuduriaid.

Yn y 1530au, yn dilyn adroddiadau bod Cymru yn 'ddi-drefn', anfonodd Harri VIII Rowland Lee i Gymru i wneud yn siŵr bod y troseddwyr yn cael eu cosbi. Yn ôl y sôn, rhoddodd Lee orchymyn i 5,000 o ddynion gael eu crogi o fewn chwe blynedd.

Yn y 1550au, roedd criw o herwyr, dan yr enw Gwylliaid Cochion Mawddwy, yn 'lladrata, llosgi a llofruddio' yn yr ardal o gwmpas Cader Idris. Yn 1555, daliodd Lewis Owen, siryf Meirionnydd, dros 80 o'r gwylliaid yn eu cuddfan a chawsant eu crogi. Sawl mis wedyn, cafodd y gwylliaid gyfle i ddial ar Lewis Owen pan gafodd ei ddal yn teithio trwy goed trwchus Mawddwy ar ei ffordd i lysoedd y gyfraith yn Nhrefaldwyn.

Cefn Mabli, tŷ Edward Kemys, yn yr unfed ganrif ar bymtheg

Dyffryn Mawddwy

Torrodd y gwylliaid sawl coeden uchel i'w rwystro ar ei daith. Yna saethon nhw gawod o saethau ato a chafodd ei daro yn ei wyneb gan un ohonynt. Tynnodd Lewis Owen hi allan . . . ond wedi hynny ymosodon nhw arno â phicelli a gwaywffyn a bu farw â 30 clwyf.
(Thomas Pennant yn ysgrifennu yn 1784)

Meddyliwch!
Pam byddai Cyngor y Frenhines yn Llundain yn poeni am deyrngarwch y Cymry pan glywent hanesion ac adroddiadau fel y rhai uchod?

TASG
Gwnewch restr o'r rhesymau pam na fyddai Cyngor Elisabeth, o bosibl, yn ymddiried yn y Cymry

_____

_____

_____

Catholigion yng Nghymru yng nghyfnod Elisabeth

- Ar ddechrau teyrnasiad Elisabeth, ffôdd nifer o Gymry Catholig dramor oherwydd mai Protestant oedd Elisabeth. Aeth rhai i gael eu hyfforddi'n offeiriaid.

- Dechreuodd rhai Cymry a oedd yn offeiriaid Catholig ac a oedd wedi mynd tramor ddod yn ôl a chuddio yng nghartrefi Catholigion dirgel.

Cuddfan i offeiriad yn Neuadd Harvington yn Lloegr, ger ffin Cymru.

- Yn 1584, cafodd athro ysgol Gatholig, Richard Gwyn, ei ddienyddio yn Wrecsam. Roedd wedi ei gyhuddo o drefnu rhwydwaith o offeiriaid Catholig dirgel yng ngogledd Cymru. Cafodd ei grogi, ei ddiberfeddu a'i bedrannu – ar ôl ei grogi cafodd ei berfedd ei dynnu allan a chafodd ei gorff ei dorri'n bedair rhan. Aethpwyd â'i ben ac un chwarter i gastell Dinbych a chafodd y chwarteri eraill eu dangos yn Rhuthun, Holt a Wrecsam.

- Trefnodd Catholigion eraill wasg argraffu gudd mewn ogof ar Drwyn y Fuwch, ger Llandudno. Buon nhw yn byw yno am chwe mis ac yn argraffu llyfrau yn Gymraeg a oedd yn dysgu pobl am y Beibl yn y ffordd Gatholig. Cawsant eu darganfod yn Chwefror 1587, ond llwyddon nhw i ddianc.

- Bu Hugh Owen, Cymro Catholig, yn gweithio fel ysbïwr i'r Brenin Philip II o Sbaen. Roedd Cymro arall, Thomas Morgan, yn byw ym Mharis ac yn gweithio ar ran Mari Frenhines yr Alban. Buon nhw a llysgennad Sbaen yn Llundain yn annog Philip o Sbaen i gredu y byddai'r Cymry yn gwrthryfela yn erbyn Elisabeth ac yn cefnogi dod â'r Eglwys Gatholig yn ôl.

- Roedd Thomas Morgan yn rhan o Gynllwyn Babington yn 1586. Pan gafodd y cynllwyn hwn ei ddarganfod gan y llywodraeth, cafodd Anthony Babington, a sawl un arall gan gynnwys dau ŵr bonheddig o Gymru, eu harteithio i roi mwy o wybodaeth ac yna eu dienyddio. Yna cafodd Mari Frenhines yr Alban ei rhoi ar brawf am gynllwynio yn erbyn y Frenhines Elisabeth a'i dienyddio.

Meddyliwch!

1. Pam gwnaeth llywodraeth y Frenhines Elisabeth drin Richard Gwyn mor greulon?
2. Pa mor gywir yn eich barn chi oedd yr wybodaeth a roddodd llysgennad Sbaen ac ysbïwyr Catholig Cymreig fel Hugh Owen i Frenin Sbaen?

TASG

Rhagor o resymau posibl pam na fyddai Cyngor Elisabeth yn ymddiried yn y Cymry

_____

_____

_____

_____

Llythyr oddi wrth Archesgob Caergaint

Mae'n Ebrill 1587. Chi yw'r Archesgob John Whitgift. Rydych wedi rhoi gorchymyn i William Morgan ddod i Lundain i ofalu am gyhoeddi'r Beibl yn Gymraeg, yr ydych chi wedi cytuno i dalu amdano. Ysgrifennwch lythyr at Gyngor y Frenhines yn egluro pam rydych wedi gwneud y penderfyniadau hyn. Defnyddiwch eich nodiadau i'ch helpu. Ceisiwch ddefnyddio geiriau allweddol rydych wedi eu dysgu, ac edrychwch yn yr eirfa os oes angen.

TASG

Er pan gafodd Mari Frenhines yr Alban ei dienyddio, mae Philip, Brenin Sbaen, yn bygwth ymosod. Mae gennyf le i gredu y gallai lanio yng Nghymru. Byddai'n lle da iddo lanio oherwydd (tudalen 56) . . .

_____

_____

_____

Efallai y bydd yn cael cefnogaeth gan y Cymry. Nid ydym yn ymddiried ynddynt oherwydd (tudalen 57) . . .

_____

_____

_____

Ar ben hynny, nid yw'r grefydd Brotestannaidd yn boblogaiddd iawn yng Nghymru oherwydd (tudalen 46) . . .

_____

_____

_____

Mae tystiolaeth hefyd o weithgarwch Catholig yng Nghymru (tudalen 58) . . .

_____

_____

_____

Mae arnom eisiau i bobl Cymru fod yn deyrngar i'r Frenhines a'r llywodraeth. Os caiff y Beibl ei gyfieithu i'r Gymraeg . . .

_____

_____

_____

Beth oedd effaith cael Beibl Cymraeg ar Gymru?

Rydym wedi edrych ar y rhesymau dros gyfieithu'r Beibl i'r Gymraeg. Ond a wnaeth unrhyw wahaniaeth yng Nghymru?

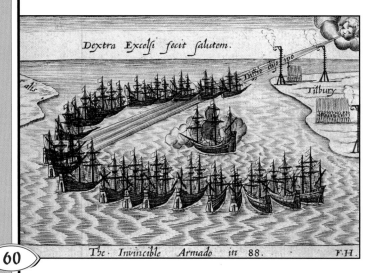

Mae'r flwyddyn 1588 yn un o'r dyddiadau enwocaf yn hanes Prydain. Hon yw blwyddyn Armada Sbaen pan drechwyd ymgais Philip II, Brenin Sbaen, i ymosod ar Brydain.

Ond dyma beth ysgrifennodd yr Athro Philip Jenkins: *'Yn hanes Cymru, cyhoeddi Beibl Cymraeg cyflawn sy'n rhoi gwir arwyddocâd i'r flwyddyn, yn hytrach na'r Armada.'*

Digwyddiad arwyddocaol yw digwyddiad sy'n bwysig iawn, digwyddiad y mae ei effeithiau yn cyrraedd ymhell. Mae un o'r effeithiau hynny yn dal gyda ni heddiw, sef bod yr iaith Gymraeg yn fyw yng Nghymru.

Gadewch inni ddod yn ôl i'r presennol. Heddiw:
Iaith swyddogol Prydain Fawr yw Saesneg.
Iaith swyddogol Ffrainc yw Ffrangeg.
Iaith swyddogol Sbaen yw Sbaeneg.

Ond yn yr holl wledydd hyn, mae ieithoedd eraill yn cael eu siarad gan bobl y mae eu cyndadau wedi byw yno ers canrifoedd.

Ym Mhrydain Fawr, mae Cymraeg, Gaeleg a Gwyddeleg yn cael eu siarad.
Yn Ffrainc, mae Llydaweg ac Ocitaneg yn cael ei siarad.
Yn Sbaen, mae Catalaneg, Basgeg a Galiseg yn cael eu siarad.

Heddiw, mae 20.5 y cant o boblogaeth Cymru yn siarad Cymraeg. Mae'r Gymraeg yn dal yn iaith gryf heddiw, ac eto mae ieithoedd eraill a oedd yr un mor gryf yn yr unfed ganrif ar bymtheg naill ai wedi marw neu'n cael eu siarad gan lai o bobl heddiw.

Yn yr unfed ganrif ar bymtheg:

- roedd mwyafrif pobl Cymru'n siarad Cymraeg.
- roedd llawer o bobl yn yr Alban yn siarad Gaeleg.
- roedd mwyafrif pobl Iwerddon yn siarad Gwyddeleg.
- roedd mwyafrif pobl Cernyw yn siarad Cernyweg.
- roedd mwyafrif pobl Ynys Manaw yn siarad Manaweg.

Nawr darllenwch y brawddegau hyn:

Yn 1800 roedd 3 pherson ym mhob 4 yng Nghymru yn siarad Cymraeg.

Yng Ngogledd Iwerddon heddiw, mae mwy o siaradwyr Tsieinëeg nag sydd yna o siaradwyr Gwyddeleg.

Bu farw'r siaradwr Manaweg brodorol olaf yn 1974.

Bu farw'r siaradwr Cernyweg brodorol olaf yn 1777.

Yn yr Alban, roedd tua 15% o'r boblogaeth yn siarad Gaeleg yn y bedwaredd ganrif ar bymtheg.

Gair allweddol

iaith leiafrifol:
   iaith a siaradwyd gan lai o bobl na phrif iaith y wlad honno.

Meddyliwch!

Beth mae'r ffeithiau hyn yn ei ddweud wrthych am y Gymraeg o'i chymharu â'r ieithoedd eraill hyn?

Nawr meddyliwch am yr wybodaeth hon:
Cafodd y Beibl ei gyhoeddi yn y Gymraeg gyntaf yn 1588.
Cafodd y Beibl ei gyhoeddi yn y Wyddeleg gyntaf yn 1690.
Cafodd y Beibl ei gyhoeddi yn yr Aeleg gyntaf yn 1801.
Ni chafodd y Beibl erioed ei gyhoeddi yn y Gernyweg nac yn y Fanaweg.

Beth allech chi ei awgrymu am bwysigrwydd cyfieithu'r Beibl i'r Gymraeg o'r wybodaeth hon?

Edrychwch ar y map:
1. Beth yw'r ieithoedd lleiafrifol yn y Deyrnas Unedig?
2. Chwiliwch am Ffrainc a Sbaen ar y map a rhestru eu hieithoedd lleiafrifol. Nodwch hefyd beth yw eu hieithoedd swyddogol.

61

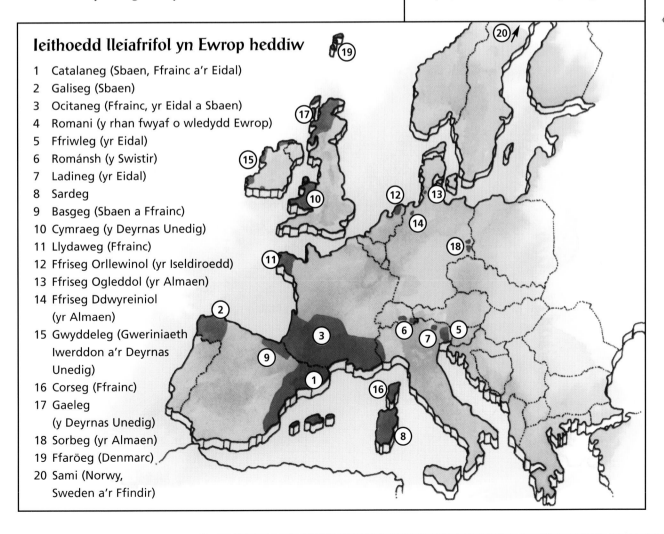

Ieithoedd lleiafrifol yn Ewrop heddiw

1   Catalaneg (Sbaen, Ffrainc a'r Eidal)
2   Galiseg (Sbaen)
3   Ocitaneg (Ffrainc, yr Eidal a Sbaen)
4   Romani (y rhan fwyaf o wledydd Ewrop)
5   Ffriwleg (yr Eidal)
6   Románsh (y Swistir)
7   Ladineg (yr Eidal)
8   Sardeg
9   Basgeg (Sbaen a Ffrainc)
10 Cymraeg (y Deyrnas Unedig)
11 Llydaweg (Ffrainc)
12 Ffriseg Orllewinol (yr Iseldiroedd)
13 Ffriseg Ogleddol (yr Almaen)
14 Ffriseg Ddwyreiniol (yr Almaen)
15 Gwyddeleg (Gweriniaeth Iwerddon a'r Deyrnas Unedig)
16 Corseg (Ffrainc)
17 Gaeleg (y Deyrnas Unedig)
18 Sorbeg (yr Almaen)
19 Ffaröeg (Denmarc)
20 Sami (Norwy, Sweden a'r Ffindir)

Yr iaith Gymraeg yn yr unfed ganrif ar bymtheg

Roedd yr iaith Gymraeg dan fygythiad yn yr unfed ganrif ar bymtheg.

1 Ar ôl i Harri Tudur ddod yn Frenin, roedd llawer o uchelwyr Cymru yn credu y byddai siarad Saesneg yn eu helpu i ddod ymlaen yn y byd. Wedi hynny roedd llawer mwy o gyfle i Gymry gael gwaith yn llys y Brenin ac yn Llundain ei hun. Priododd rhai o uchelwyr Cymru i mewn i deuluoedd Seisnig ac anfon eu meibion i ysgolion bonedd Lloegr.

2 Ar ôl i'r Deddfau Uno rhwng Lloegr a Chymru gael eu pasio yn 1536 a 1543, roedd rhaid i'r llysoedd barn ddefnyddio Saesneg. Roedd rhaid hefyd i bawb mewn swyddi swyddogol yng Nghymru siarad Saesneg. Roedd y deddfau hyn yn effeithio ar y dosbarthiadau llywodraethol yn bennaf. Os oedd aelodau o'r dosbarth bonheddig am gael swyddi pwysig, roedd rhaid iddynt siarad Saesneg.

Mae'r cerflun hwn o Syr Hugh Myddleton, yn wreiddiol o Ruthun, yn sefyll yn Islington Green, Llundain. Mab i dirfeddiannwr o Gymro oedd Hugh. Gwnaeth ei ffortiwn yn Llundain ar ddiwedd yr unfed ganrif ar bymtheg fel gof aur, ac adeiladodd system dŵr glân ar gyfer Llundain. Roedd ei frawd Thomas hefyd yn fasnachwr cyfoethog a ddaeth yn aelod seneddol ac yn Arglwydd Faer Llundain.

3 Ni welodd pobl gyffredin Cymru lawer o newid yn syth ar ôl y Deddfau Uno, ond pan orchmynnodd y Brenin Edward VI (1547–1553) mai Saesneg yn lle Lladin fyddai iaith gwasanaethau'r eglwys, effeithiodd hyn yn fawr ar bawb. Roedd dyfodol y Gymraeg dan fygythiad gan fod llysoedd y gyfraith a'r eglwysi yn defnyddio dim ond Saesneg.

Roedd arweinwyr y Protestaniaid yng Nghymru yn bryderus iawn, yn bennaf oherwydd na allai'r werin bobl ddeall y grefydd Brotestannaidd newydd. 'Mae gair Duw', ysgrifennodd William Salesbury, 'yn cael ei dagu.' Er mwyn troi pobl Cymru at Brotestaniaeth, roedd angen i iaith gwasanaethau'r eglwysi fod yn Gymraeg.

Yn 1563 cafodd Senedd Loegr ei pherswadio i basio Deddf yn gorchymyn cyfieithu'r Beibl i'r Gymraeg.

Chwarter canrif wedyn, gorffennodd William Morgan, ficer yn Sir Ddinbych, y dasg. Cymerodd ddeng mlynedd ei hun, ac roedd wedi gallu adeiladu ar waith cynharach William Salesbury a oedd wedi cyfieithu'r Testament Newydd yn y 1560au.

Dywedodd yr Athro Glanmor Williams fod 'gwneud y Gymraeg yn iaith addoliad cyhoeddus wedi ei gwneud yn bwysicach a sicrhau ei bod yn goroesi'.

Efallai eich bod yn meddwl tybed pa wahaniaeth yr oedd cael Beibl yn y Gymraeg yn ei wneud pan nad oedd y rhan fwyaf o bobl yn gallu darllen. Cofiwch fod rhaid i bawb fynd i'r eglwys. Nawr gallent glywed hanesion y Beibl yn eu hiaith eu hunain am y tro cyntaf, a dechrau deall gwasanaethau'r eglwys.

Cafodd hanes yr iaith Gymraeg ei newid pan gyhoeddwyd y Beibl yn y Gymraeg. Roedd dyfodol yr iaith dan fygythiad trwy gydol yr unfed ganrif ar bymtheg. Ond wedi i'r Beibl gael ei gyhoeddi yn Gymraeg, gwnaeth y Gymraeg barhau yn iaith i fwyafrif pobl Cymru am y 300 mlynedd nesaf.

Canlyniadau cael y Beibl yn Gymraeg yn y tymor hir

Ar ôl 1588 daeth y Gymraeg yn iaith gwasanaethau eglwysig yng Nghymru. Hyd yn oed 160 o flynyddoedd yn ddiweddarach, roedd 80% o'r holl wasanaethau eglwysig yng Nghymru yn Gymraeg.

↓

Yn y ddeunawfed ganrif defnyddiwyd y Beibl Cymraeg i ddysgu gwerin bobl Cymru, oedolion a phlant, sut i ddarllen. Erbyn 1761 roedd ychydig dros hanner y boblogaeth wedi dysgu darllen fel hyn.

↓

Cafodd mwy o lyfrau eu cyhoeddi yn Gymraeg.

Roedd arweinwyr crefyddol yn trefnu ysgolion Sul i addysgu'r werin bobl (doedd dim ysgolion dyddiol ar gyfer y rhan fwyaf o blant). Defnyddiwyd y Beibl Cymraeg yn yr ysgolion Sul hyn i ddysgu darllen ac ysgrifennu ymhell i'r bedwaredd ganrif ar bymtheg, gan roi addysg sylfaenol a Chymraeg ysgrifenedig safonol.

↓

Erbyn canol y bedwaredd ganrif ar bymtheg roedd llawer o Gymry'n gallu darllen yn eu mamiaith, Cymraeg.

A oedd cyfieithu'r Beibl i'r Gymraeg yn drobwynt yn hanes Cymru?

Gallwn fesur pwysigrwydd digwyddiad trwy ofyn y cwestiynau hyn:

TROBWYNT

- A oedd y digwyddiad yn bwysig i bobl ar y pryd?
- A effeithiodd y digwyddiad yn ddwfn ar fywydau pobl?
- Ar faint o bobl yr effeithiodd y digwyddiad?
- A effeithiwyd ar fywydau pobl am amser hir wedyn?
- A yw astudio'r digwyddiad yn ein helpu i ddeall y byd rydym yn byw ynddo?

Cofgolofn Llanelwy i'r Esgob William Morgan a chyfieithwyr eraill y Beibl.

TASG

I'ch helpu i ddeall y cwestiynau hyn, a) trafodwch mewn parau beth oedd arwyddocâd canlyniad cael y Beibl yn Gymraeg yn y tymor hir (tt. 61–3), yna b) copïwch a chwblhewch y brawddegau hyn.

Roedd cyfieithu'r Beibl i'r Gymraeg yn bwysig i lywodraeth Elisabeth I oherwydd . . .

Roedd cyfieithu'r Beibl i'r Gymraeg yn bwysig i bobl gyffredin Cymru oherwydd ei fod wedi newid eu ffordd o fyw. Pan fyddent yn mynd i'r eglwys . . .

Mae cyfieithu'r Beibl i'r Gymraeg wedi effeithio ar fywydau pobl ers hynny oherwydd . . .

Mae dysgu am gyfieithu'r Beibl i'r Gymraeg yn ein helpu i ddeall y byd rydym yn byw ynddo oherwydd . . .

Rwy'n cytuno/anghytuno bod cyfieithu'r Beibl i'r Gymraeg yn drobwynt oherwydd . . .

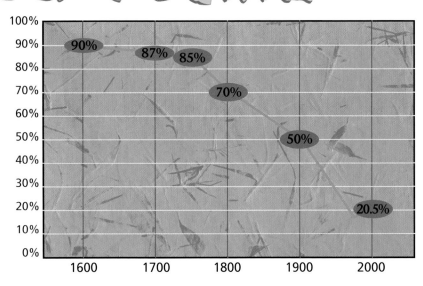

Canran o boblogaeth Cymru yn siarad Cymraeg

Lled gywir yw'r ffigurau cyn 1891. Cyfrifiad 1891 oedd yr un cyntaf i ofyn cwestiwn am yr iaith Gymraeg.

Roedd llawer o'r bobl a gofnodwyd yng nghyfrifiad 1891 fel rhai oedd yn siarad Cymraeg yn siarad Cymraeg yn unig.

2.1 Sut newidiodd Cymru rhwng 1760 a 1914?

Ar y tudalennau nesaf 67–80 mae pum cyfres o luniau am fywyd yng Nghymru rhwng 1760 a 1914. Mae'r lluniau'n ffynonellau, ac ar ôl pob cyfres o luniau mae cyfres o ffynonellau ysgrifenedig. Maent wedi eu dosbarthu dan bum prif bennawd:

Pobl
Cartrefi
Syniadau a chredoau
Tirwedd
Gwaith

Gyda'i gilydd bydd y ffynonellau hyn yn dechrau creu darlun o fywyd yng Nghymru yn y cyfnod hwn.

Edrych ar ffynonellau lluniau

Mae'r lluniau hyn yn enghreifftiau o **dystiolaeth gyfoes**. Ystyr hynny yw eu bod yn dod o'r cyfnod. Gallwn ddysgu llawer am hanes dim ond trwy edrych ar luniau.

Cymerwn y llun hwn o dudalen 73 yn enghraifft:

Meddyliwch!

Wrth edrych ar y llun hwn am y tro cyntaf, byddai angen ichi ofyn rhagor o gwestiynau. Pa gwestiynau fyddai angen ichi eu gofyn am gynnwys y llun?

TASG 1

Gwnewch restr o'r pethau y **gallwch eu gweld** yn bendant yn y ffynhonnell hon.

Y rhain yw'r pethau gweledol – gallwn eu gweld a gallwn eu disgrifio o'r ffynhonnell.

Wedi ichi edrych ar y ffynhonnell, trafodwch beth welsoch chi yn fwy manwl. Dychmygwch eich bod yno, yn yr olygfa sydd yn y llun.

Beth rydych chi'n gallu ei glywed?
Beth rydych chi'n gallu ei arogli?
Beth rydych chi'n gallu ei gyffwrdd?

Wrth wneud hyn, byddwch yn dod i gasgliadau trwy ddefnyddio'r ffynonellau, fel y gwnaethoch wrth edrych ar Rhan 1.1 ar fywyd yng Nghymru yn y cyfnod 1485–1760.

Mae lluniau'n dystiolaeth ddefnyddiol iawn i hanesydd. Maen nhw hefyd yn bwysig am eu bod yn ein helpu i ofyn rhagor o gwestiynau.

Cewch ragor o wybodaeth am y digwyddiadau yn y llun hwn o Siartwyr yng Nghasnewydd pan ddarllenwch tudalennau 134–5.

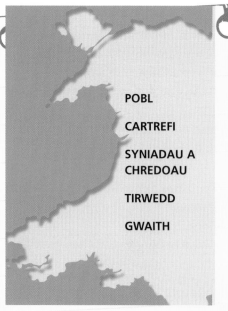

POBL

CARTREFI

SYNIADAU A CHREDOAU

TIRWEDD

GWAITH

Bywyd yng Nghymru 1760–1914, yn seiliedig ar ddetholiad o dystiolaeth gyfoes.

TASG 2

Mewn grwpiau bychan edrychwch ar un gyfres o luniau – Pobl **neu** Cartrefi **neu** Syniadau a chredoau **neu** Tirwedd **neu** Gwaith.

1 Gwnewch siart fel yr enghraifft ar y chwith ac ysgrifennwch pwyntiau bwled o dan bennawd eich thema chi.
2 Ysgrifennwch beth rydych chi'n gallu ei weld yn bendant yn y lluniau.
3 Bydd un aelod o'ch grŵp yn rhoi adroddiad i weddill y dosbarth.
4 Wrth i'r grwpiau wneud eu cyflwyniadau, llenwch y penawdau eraill â'r wybodaeth maent yn ei chyflwyno.

TASG 3

Isod mae cwestiwn am bob un o'r themâu.

Pobl – A oedd bywyd yr un fath i bawb yn y cyfnod hwn?
Cartrefi – Pa wahaniaethau oedd yna yng nghartrefi pobl yn y cyfnod hwn?
Syniadau a chredoau – Sut aeth rhai pobl ati i geisio cael pobl i wrando ar eu syniadau yn ystod y cyfnod hwn?
Tirwedd – Sut newidiodd tirwedd Cymru yn y cyfnod hwn?
Gwaith – Sut newidiodd gwaith pobl yn y cyfnod hwn?

Yn eich grwpiau a chan ddefnyddio'r un gyfres o luniau, ceisiwch ddod o hyd i ragor o wybodaeth am eich thema er mwyn eich helpu i ateb y cwestiwn. Gwnewch awgrymiadau, gan ddefnyddio'r un dechneg ag yn Nhasg 1.

Bydd un aelod o'ch grŵp yn rhoi adroddiad i weddill y dosbarth. Dylai hyn helpu pawb i greu darlun gwell o fywyd yng Nghymru yn ystod y cyfnod 1760–1914. Dywedwch wrth eich dosbarth beth oedd eich cwestiwn, a beth rydych chi wedi ei ddarganfod.

Mae pob cyfres o luniau yn rhoi tystiolaeth am newidiadau ym mhob un o'r themâu. Roedd hwn yn gyfnod o newid mawr ar draws Cymru gyfan. Gallwn ddisgrifio'r cyfnod cyfan fel trobwynt yn hanes Cymru. Newidiodd Cymru o fod yn wlad wledig yn bennaf, lle roedd y trefi a'r diwydiannau'n fychan, yn wlad lle roedd y rhan fwyaf o bobl yn gweithio mewn diwydiannau fel glo, dur, llechi, tunplat ac adeiladu llongau, ac yn byw mewn trefi diwydiannol.

66

Dylai'r wybodaeth ar eich siart eich helpu i gael syniad bras am fywyd yng Nghymru yn y cyfnod 1760–1914. Ond mae'r darlun ymhell o fod yn gyflawn. Mae llawer o bethau am fywyd yn y cyfnod hwn nad yw'r lluniau yn eu dweud wrthym.

Rydym yn awr yn mynd i edrych ar rai ffynonellau **ysgrifenedig** cyfoes (ffynonellau a ysgrifennwyd ar y pryd). Bydd y ffynonellau hyn yn ein helpu i gael darlun llawnach o fywyd yn y cyfnod hwn.

TASG 4

Darllenwch drwy bob cyfres o ffynonellau ysgrifenedig ar dudalennau 70–81, a nodi unrhyw bethau newydd a diddorol na welsoch yn y lluniau. Ychwanegwch y rhain at eich siart.

Mae gennych yn awr ddarlun cliriach o fywyd yn y cyfnod ac o rai o'r newidiadau a fu.

Pobl

Edrych ar ffynonellau lluniau

Samuel Homfray, paentiwyd tua 1790.

2. Merched yn golchi dillad wrth Bont Llanrwst, tua 1799.

3. Robert Stephenson a Phwyllgor Pont Britannia, 1853.

4. *Merched y tomenni glo yn gadael y gwaith, de Cymru, tua 1879.*

5. *Y John Cory Sailors' and Soldiers' Rest, Dociau Caerdydd, tua 1903.*

Pobl

Edrych ar ffynonellau ysgrifenedig

Geiriau allweddol

cau tiroedd: tirfeddianwyr mawr yn ffensio ac yn hawlio tir
pladur: offeryn llaw i dorri gwellt hir neu wair neu gnydau

Ffynhonnell 1.

O lyfr William Cobbett, teithiwr, yn ei lyfr *Rural Rides* (1790):

Mae'r dirywiad i'w weld ym mhob pentref. Mae'r ffermydd yn mynd yn llai ac yn llai a thai'r gweision fferm yn diflannu. Mae cau'r tiroedd wedi golygu diflaniad ffordd o fyw dros nos.

Ffynhonnell 2.

O. P. Jones, yn ei atgofion o fywyd yn y 1890au:

Rwy'n cofio 'nhad yn sôn sut roedd pethau'n arfer bod, sut fywyd oedd ffermio ers talwm. Mi alla i hyd yn oed gofio defnyddio pladur, ond wrth i'r peiriannau newydd fel y peiriant torri gwair ddod i mewn, cafodd y pladuriau eu crogi ar wal y sgubor.

Ffynhonnell 3.

Dynes o Lwynypia, y Rhondda, ganed yn 1904:

Roedd marwolaeth yn cadw cwmni inni fwy neu lai bob dydd. Bob wythnos roedd rhywun yn cael anaf, rhywun yn cael ei ladd i lawr y pwll. Roedd y drychineb yna bob amser uwch ein pennau. Rwy'n meddwl ei fod yn dod â'r teuluoedd yn nes at ei gilydd. Dyna oedd 'mhrofiad i.

Ffynhonnell 4.

Dyn o Gwm Ogwr, de Cymru, ganed yn 1906:

Roedd 'nhad yn dod o Wlad yr Haf, a mam o Ddyfnaint. Wel, wrth gwrs, roedd y pyllau'n datblygu, a'r rheilffyrdd yn datblygu, ac wrth gwrs doedd dim arian i'w gael yn gweithio ar y ffermydd yn y wlad, felly dyna beth ddigwyddodd.

Cartrefi

Edrych ar ffynonellau lluniau

6. Castell Penrhyn, ger Bangor, a adeiladwyd erbyn 1827.

7. *Cartref glöwr yng Nghwm Rhondda, 1875.*

8. *Bwthyn ger Pontrhydfendigaid, sir Geredigion, 1910.*

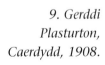

71

9. *Gerddi Plasturton, Caerdydd, 1908.*

Cartrefi

Edrych ar ffynonellau ysgrifenedig

Ffynhonnell 5.

Thomas Pennant, teithiwr, yn ei lyfr
A Tour of North Wales (1777):

Mae masnach 'sanau gwlân enfawr yn y Bala. Yn ystod y gaeaf bydd y merched yn cwrdd yn nhai ei gilydd i wau, eistedd o amgylch y tân a gwrando ar hen chwedl.

Ffynhonnell 6.

Walter Davies, clerigwr Cymreig,
yn ysgrifennu yn 1810:

Mae gwarth ar rannau helaeth o siroedd Môn, Caernarfon, Meirionnydd a Maldwyn oherwydd bod bythynnod yno sy'n wirioneddol ofnadwy. Un aelwyd fyglyd, oherwydd ni allech ei galw'n gegin, a chell-wasarn laith, oherwydd ni allech ei galw'n ystafell wely, yw'r unig le yn aml iawn sy'n cael ei roi i weithiwr, ei wraig, a phedwar neu bump o blant. Mae'r canlyniadau'n amlwg: budreddi, afiechyd ac, yn aml, marwolaeth gynnar.

Ffynhonnell 7.

H. J. Payne, swyddog iechyd yn ne Cymru,
mewn adroddiad o 1849:

Mae gorlenwi tai wedi arwain at achosion o golera marwol sydd wedi lladd cannoedd. Bu 20 achos mewn un stryd yng Nghaerdydd, ac mewn pedair stryd ym Merthyr cyfrais 122 o ddioddefwyr.

Ffynhonnell 8.

Cyn löwr yn adrodd ei hanes tua 1900:

Roeddwn mewn llety gyda chwech neu saith o lowyr eraill. Dim ond tair ystafell wely oedd, felly bydden ni'n cysgu yn ein tro yn y gwelyau. Byddwn i'n rhedeg adref nerth fy nhraed i gael bod y cyntaf i gael bath.

Ffynhonnell 9.

Moesau wrth y bwrdd cinio, yn ôl *Almanac Caergybi* (1909):

*Peidiwch ag eistedd droedfedd oddi wrth y bwrdd, nac yn ei erbyn.
Peidiwch ag yfed cawl o ben blaen y llwy. Gwnewch hynny o'r ochr.
Peidiwch â gwneud sŵn wrth yfed, mae'n hynod anweddaidd.
Peidiwch â gofyn am ail blatiaid o gawl.
Peidiwch â phlygu'n drwm dros y plât; eisteddwch mor syth ag y gallwch, heb fod yn stiff.
Peidiwch â defnyddio eich dannedd i dorri bara; defnyddiwch eich dwylo.
Peidiwch â defnyddio'r gyllell i fwyta.
Peidiwch byth â rhoi'r gyllell yn eich ceg.
Peidiwch â llenwi eich fforc fel petaech yn llwytho trol, â'ch cyllell; dim ond yr hyn y gallwch ei godi'n hawdd y dylech ei godi â'ch fforc, a dim rhagor.*

Syniadau a chredoau

Edrych ar ffynonellau lluniau

10. Protestwyr yn Hirwaun, ger Merthyr Tudful, 1831.

11. Ymosodiad y Siartwyr ar Westy'r Westgate, Casnewydd, 4 Tachwedd 1839.

12. Cyfarfod
protest mawr ym
Merthyr Tudful,
1875.

13. John Elias,
arweinydd
Methodistaidd
enwog o'r 1820au
a'r 1830au, yn
pregethu yn y Bala.

Ffynhonnell 10.

William Lovett, Siartydd yn y 1840au:

Rydym yn benderfynol o ennill ein hawliau'n heddychlon os gallwn ond trwy drais os bydd angen. Dylai'r sawl a fynno frwydro yn erbyn y miliynau ddeall hynny!

Ffynhonnell 11.

Adroddiad mewn papur newydd ym Merthyr Tudful, 1848:

Mae tafarndai'r dref yn llawn – hen ddynion bychan 12/13 oed yn yfed cwrw ac yn smocio eu pibau yn bwysig tu hwnt. Mae cannoedd yn mynd i'r dafarn am nad oes dim arall i'w wneud.

Ffynhonnell 12.

Dyfyniad o adroddiad ymchwiliad gan y llywodraeth yn 1848 (am fythynnod yn Llangynwyd ym Morgannwg):

Mae celfi drud yn y bythynnod. Mae bron bob un ohonyn nhw'n cynnwys cist ddroriau hardd. Ar y gist fel rheol mae Beibl mawr wedi ei rwymo'n dda. Gwelais brintiau lliw ar y waliau ym mhobman. Fel rheol maen nhw'n dangos golygfeydd o'r Beibl neu briodasau – mae'n ymddangos fod priodas Ei Mawrhydi a'r Tywysog Albert yn ffefryn arbennig.

Syniadau a chredoau

Edrych ar ffynonellau ysgrifenedig

Ffynhonnell 13.

Adroddiad Comisiynydd Ysgolion, 1895:

Mae anawsterau iaith wedi diflannu i bob pwrpas yn ne Cymru lle mae rhieni wedi dysgu gwerth y Saesneg i'w plant. Rhaid gwneud yr un ymdrech yn awr yng ngogledd Cymru.

Ffynhonnell 14.

Atgofion O. M. Edwards, a ddaeth yn arolygwr ysgolion, o'i ddyddiau yn yr ysgol yn yr 1860au:

Cyn gynted ag y siaredais Gymraeg, chwarddodd pawb a chafodd llinyn ei roi am fy ngwddf a darn trwm o bren wedi'i glymu wrtho. Roeddwn i wedi rhoi dyfais debyg am wddf ci i'w rwystro rhag rhedeg ar ôl defaid.

Ffynhonnell 15.

Margaret Davies, yn ysgrifennu am ei bywyd yn 1900:

Gallwn ysgrifennu llyfr am fy ymdrechion cynnar pan oedd gen i saith o blant a chartref glöwr i ofalu amdanynt. Cawsom ein caledu gan dair streic fawr a llawer o rai bychan. Roedden ni'n benderfynol bod angen rhagor o newidiadau i wella ein bywydau.

Tirwedd

Edrych ar ffynonellau lluniau

14. Gweithfeydd glo ger Castell-nedd, 1798.

15. Pont Diwb Britannia a Phont Grog Menai, 1850.

16. Caernarfon yn 1860.

17. Ferndale, Cwm Rhondda, tua 1900.

18. Heol y Santes Fair, Caerdydd, tua 1913.

Tirwedd

Edrych ar ffynonellau ysgrifenedig

Ffynhonnell 16.
Arthur Young, yn galw i gof ei fywyd yn 1790:

Siaredais â ffermwr a ddywedodd fod ganddo lawer o wartheg ar un adeg, ond dim cymaint â gŵydd erbyn hyn. Dywedodd mai cau'r tiroedd fyddai diwedd Cymru.

Ffynhonnell 17.
Benjamin Heath Malkin yn ysgrifennu yn 1803 am Gwm Rhondda:

Roedd yr ardal yn wyllt ac anial. Roedd y bobl wedi eu gwasgaru yma ac acw, ac yn ddiflas o dlawd hefyd.

Ffynhonnell 18.
Edward Hadle, yn ei lyfr *Wales in 1900*:

Mae Casnewydd a Chaerdydd wedi mynd yn borthladdoedd allforio enfawr. Gan fod maes glo de Cymru mor agos, dyma'r ardal orau a mwyaf economaidd yn y byd am gynhyrchu gwres. Mae miliynau o dunelli'n cael eu hallforio bob blwyddyn.

Ffynhonnell 19.
Disgrifiad o Lanelli mewn papur newydd Cymreig yn 1907:

Y peth cyntaf a'm trawodd oedd y ffyrdd aflan, y mwg afiach a thram yn cael ei dynnu gan geffyl. Nid oedd modd dianc rhag y mwg gan fod yr holl weithfeydd dur a thunplat a'r gweithfeydd eraill yng nghanol y lle a'r tai wedi eu hadeiladu'n ddi-drefn o'u cwmpas.

Gwaith

Edrych ar ffynonellau lluniau

19. Cludo glo ar afon Tawe, ger Abertawe, yn 1792.

20. Mwynglawdd copr Mynydd Parys, tua 1803.

21. Stad Clasemont, Treforys, ger Abertawe, tua 1820.

22. Glowyr, Pwll Clog and Legging Level, ardal Pont-y- pŵl, tua 1910.

23. Siop Lipton, Rhydaman, tua 1910.

Gwaith

Edrych ar ffynonellau ysgrifenedig

Ffynhonnell 20.

William Roberts, tenant fferm, 1790:

Pan fyddai misoedd y gaeaf yn gwneud bywyd yn anodd, byddwn i'n cadw'n gynnes â'r dillad y byddai fy ngwraig yn eu gwneud yn ein cartref ein hunain. Byddai hi'n gwneud dillad o wlân, a byddai'r arian y bydden ni'n ei wneud yn ein cadw i fynd yn ystod y cyfnodau gwael.

Ffynhonnell 21.

Richard Howard, meddyg, 1840:

Mae'r rhan fwyaf o bobl yn marw oherwydd diffyg bwyd a'r oriau gwaith hir sy'n effeithio'n ddifrifol ar iechyd y dosbarthiadau gweithiol.

Ffynhonnell 22.

Trapiwr o Gymro, 1840:

Rwyf wedi bod yn gweithio fel trapiwr [yn agor a chau drysau yn y pyllau] er pan oeddwn i'n bump oed. Pan es i lawr y pwll gyntaf doeddwn i ddim yn gallu aros yn effro, ond rwy'n ysmygu pib nawr.

Ffynhonnell 23.

Glöwr o Faesteg, a aned yn 1886:

Wrth ddefnyddio'r fandrel [caib y glöwr] a'r offer, byddech yn cael pothelli ar eich dwylo. Pryd bynnag y byddech am basio dŵr, byddech yn ei wneud ar eich dwylo, ac yn golchi eich dwylo yn eich dŵr. Ac roedd hynny'n eu gwneud yn llawer gwell, ac yn gwella'r pothelli.

Ffynhonnell 24.

Menyw o Bont-rhyd-y-fen a aned yn 1910:

Byddai'r merched yn mynd i weini fel morynion. Neu os oedd y teulu'n fawr, byddai'n rhaid i'r ferch hynaf aros gartref, i helpu'r fam. Doedd dim dewis gan y ferch hynaf. A byddai rhai'n mynd allan i olchi. Neu i wnïo.

TASG 5

Mae chwech o'r holl ffynonellau ysgrifenedig yn dod o'r cyfnod 1760–1810, chwech arall o 1830–1850 ac o leiaf chwech arall o'r cyfnod 1880–1914.

1 Wedi ichi benderfynu o ba gyfnod y maent yn dod, paratowch dabl fel yr un isod a'i lenwi i ddangos o ba gyfnod y mae'r ffynonellau'n dod. Os oes gennych lungopïau, gallwch eu torri a gludo'r ffynonellau o dan y penawdau cywir.

1760–1810	1830–1850	1880–1914

2 Trafodwch mewn grwpiau beth mae'r dystiolaeth yn ei ddweud wrthych am bob cyfnod. Gwnewch restr o bump o bethau y gallwch eu dweud yn bendant am bob cyfnod.

3 Ysgrifennwch atebion i'r cwestiynau hyn dan y teitl 'Newid':
   a. Beth newidiodd yn ystod y cyfnod 1760–1850?
   b. Pa newidiadau ddigwyddodd rhwng 1850 a 1914?
   c. Beth oedd y newidiadau mwyaf rhwng 1760 a 1914?
      Ceisiwch gwneud 5 pwynt bwled.

Edrych ar ystadegau

Gair allweddol

cyfrifiad:
  cyfrif pawb sy'n
  byw mewn gwlad

Mae llawer mwy o wybodaeth ar gael am fywyd yn y bedwaredd ganrif ar bymtheg (19g.) nag am gyfnodau cynharach mewn hanes. Bu llywodraethau'n ymchwilio i dai, amodau gwaith ac iechyd cyhoeddus. Yn 1841 y cafodd y cyfrifiad cyntaf ei gynnal.

Am y tro cyntaf roedd modd gwybod yn union faint o bobl oedd yn byw yng Nghymru. Mae ffigurau poblogaeth cyn 1841 yn seiliedig ar amcangyfrifon haneswyr. Edrychwch ar y graff isod o boblogaeth Cymru.

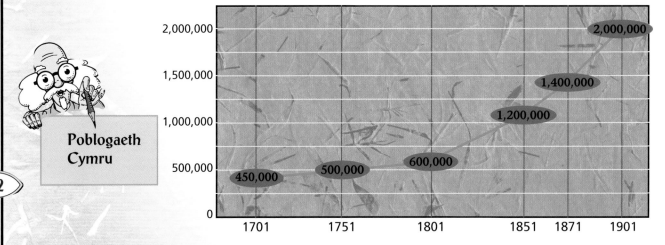

Poblogaeth Cymru

82

TASG 6

1 Beth yw'r darlun cyffredinol y mae'r graff yn ei ddangos am y twf yn y boblogaeth rhwng 1701 a 1901?

2 Beth ddigwyddodd i boblogaeth Cymru rhwng 1801 a 1851?

3 Rhwng pa flynyddoedd ar y graff yr oedd y twf cyflymaf yn y boblogaeth?

4 Meddyliwch am dri chwestiwn y gallech eu gofyn am y twf yn y boblogaeth.

5 Pa wybodaeth **nad** yw'r graff yn ei roi ichi?

Mae ffigurau'r boblogaeth yn rhoi syniad cyffredinol ichi am y tueddiadau yn y bedwaredd ganrif ar bymtheg. Ond mae tystiolaeth lawer manylach i'w chael. Er enghraifft, edrychwch ar y tabl o ffigurau am gyfraddau marwolaethau plant ym Merthyr Tudful rhwng 1841 a 1853, a'r siart bar ar gyfer 1841 ar y tudalen nesaf.

Cyfradd marwolaethau plant ym Merthyr Tudful, 1841–1853

Blwyddyn	Genedi-gaethau	Marwol-aethau dan 1	Marwol-aethau dan 5	Cyfanswm marwol-aethau
1841	1,482	247	554	974
1842	1,531	228	424	781
1843	1,574	226	403	810
1844	1,600	360	877	1,517
1845	1,694	309	590	1,082
1846	1,813	335	640	1,181
1847	1,759	385	788	1,434
1848	1,785	288	561	1,082
1849	1,791	428	998	2,925
1850	1,857	323	653	1,238
1851	2,056	374	761	1,481
1852	1,904	391	810	1,450
1853	2,006	400	772	1,483

Gair allweddol

cyfradd marwolaethau: y gyfradd o bobl sy'n marw mewn ardal neu gyfnod arbennig

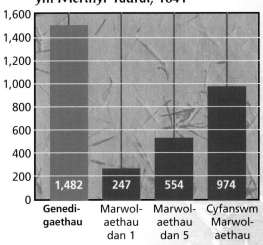

Cyfradd marwolaethau plant ym Merthyr Tudful, 1841

TASG 7

1 Edrychwch ar y siart bar ar gyfer 1841. Beth mae'r siart yn ei ddweud wrthych am yr oedran mwyaf peryglus i blentyn a oedd yn cael ei eni ym Merthyr yn y cyfnod hwn?

2 Roedd tua 50 y cant o'r rhai a oedd yn marw ym Merthyr yn blant dan bump oed. Defnyddiwch ffigurau 1841 i gefnogi'r gosodiad hwn.

3 Mae'r ffigurau'n dweud wrthym fod plant yn marw'n ifanc ym Merthyr. Awgrymwch resymau posibl am hyn.

4 Gwnewch siart bar am y flwyddyn 1849 fel yr un ar gyfer 1841.

5 Pam mae'r ffigurau ar gyfer 1849 yn sefyll allan, yn eich barn chi?

6 O'r graff sy'n dangos poblogaeth Cymru ar dudalen 82 gallwn weld bod poblogaeth Cymru wedi parhau i dyfu er gwaetha'r gyfradd uchel o farwolaethau mewn lleoedd fel Merthyr. Gan ddefnyddio'r wybodaeth yn y tabl o gyfraddau marwolaethau plant ym Merthyr, 1841–1853, a allwch chi ddweud pam digwyddodd hynny? A allwch chi awgrymu unrhyw resymau eraill, nad ydynt yn amlwg o'r tabl, pam digwyddodd hynny?

Mae'r ffigurau hyn yn help i greu darlun llawnach o fywyd ym Merthyr rhwng 1841 a 1853. Maent yn dweud wrthym fod cyfradd uchel o farwolaethau yn y dref a bod nifer fawr o'r rhai a oedd yn marw dan bump oed. Nid yw'r ystadegau yn dweud y rhesymau am hynny. I ddarganfod y rhesymau rhaid inni ofyn cwestiynau ac yna ymchwilio rhagor er mwyn creu darlun llawnach. Er enghraifft, cewch ragor o fanylion trwy ddarllen ffynhonnell ysgrifenedig 7 am gartrefi.

Edrych
ar fapiau

Mae'n bosibl defnyddio
mapiau i gyflwyno
gwybodaeth hanesyddol
hefyd. Mae'r mapiau ar
y ddau dudalen yma
yn ein helpu i ddeall
y newidiadau a fu yng
Nghymru rhwng 1760
a 1914, ond maent hefyd
yn dangos bod gwahanol
newidiadau wedi digwydd
mewn gwahanol rannau o
Gymru. Nid yr un profiad a
gafodd pob rhan o Gymru
yn y blynyddoedd hyn.

*Y prif ddiwydiannau
ar wahân i
amaethyddiaeth*

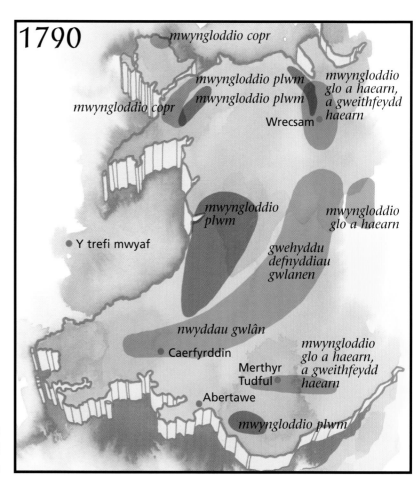

1790

mwyngloddio copr

mwyngloddio plwm

mwyngloddio plwm

mwyngloddio glo a haearn, a gweithfeydd haearn

Wrecsam

mwyngloddio copr

mwyngloddio plwm

mwyngloddio glo a haearn

gwehyddu defnyddiau gwlanen

Y trefi mwyaf

nwyddau gwlân

Caerfyrddin

mwyngloddio glo a haearn, a gweithfeydd haearn

Merthyr Tudful

Abertawe

mwyngloddio plwm

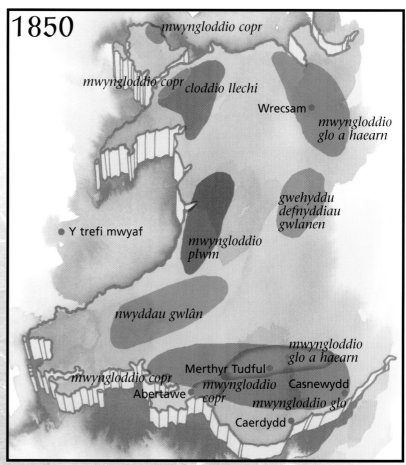

1850

mwyngloddio copr

mwyngloddio copr

cloddio llechi

Wrecsam

mwyngloddio glo a haearn

gwehyddu defnyddiau gwlanen

Y trefi mwyaf

mwyngloddio plwm

nwyddau gwlân

mwyngloddio glo a haearn

Merthyr Tudful

mwyngloddio copr

mwyngloddio copr

Casnewydd

Abertawe

mwyngloddio glo

Caerdydd

*Y prif ddiwydiannau
ar wahân i
amaethyddiaeth*

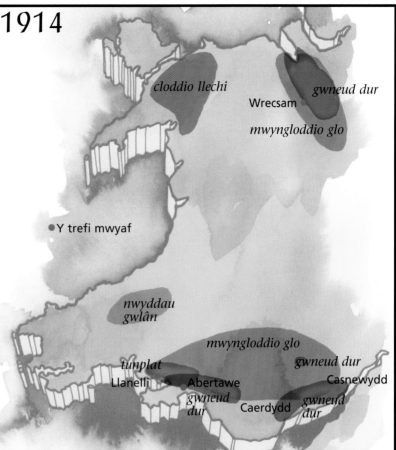

Y prif ddiwydiannau ar wahân i amaethyddiaeth

1914

cloddio llechi

gwneud dur

Wrecsam

mwyngloddio glo

• Y trefi mwyaf

nwyddau gwlân

mwyngloddio glo

tunplat

gwneud dur

Casnewydd

Llanelli

Abertawe

gwneud dur

Caerdydd

gwneud dur

85

TASG 8

1 Beth oedd y prif ddiwydiannau, ar wahân i amaethyddiaeth, yn yr ardaloedd hyn ar yr adegau hyn:
   a. gogledd-orllewin Cymru yn 1790, 1850 a 1914?
   b. gogledd-ddwyrain Cymru yn 1790, 1850 a 1914?
   c. canolbarth Cymru yn 1790, 1850 a 1914?
   ch. de-orllewin Cymru yn 1790, 1850 a 1914?
   d. de-ddwyrain Cymru yn 1790, 1850 a 1914?

2 Ym mha ardaloedd yr oedd y rhan fwyaf o ddiwydiannau erbyn 1914?

3 Crëwch dabl i ddangos sut roedd Cymru yn 1850 yn wahanol i Gymru yn 1790. Cynhwyswch y newidiadau y gallwch eu gweld yn y mapiau ac awgrymwch sut y gallai'r newidiadau hyn fod wedi effeithio ar fywyd pobl. Gallwch wneud hyn trwy ddefnyddio'r penawdau hyn:
   ● Gwaith
   ● Lle roedd pobl yn byw

4 Gwnewch yr un peth yn awr i gymharu Cymru yn 1914 â Chymru yn 1850.

5 Ysgrifennwch baragraff byr i grynhoi sut roedd Cymru wedi newid rhwng 1790 a 1914.

Rydych erbyn hyn wedi cael syniad cyffredinol am fywyd yng Nghymru yn y cyfnod 1760–1914. **Rydych yn gwybod bod Cymru wedi newid o fod yn wlad lle roedd y rhan fwyaf o bobl yn gweithio ar y tir i fod yn wlad lle roedd y mwyafrif o bobl yn gweithio yn y trefi. Yn y cyfnod hwn tyfodd y trefi a'r boblogaeth.** Roedd llawer o fanteision ac anfanteision i'r twf hwn.

Bydd y penodau sy'n dilyn yn rhoi rhagor o fanylion inni am y newidiadau hyn.

Pam roedd Cymru'n symud

Astudiwch y ddau lun yma o ardal Merthyr Tudful yn ne Cymru.

Disgrifiwch beth welwch chi. Pa newidiadau mae'r lluniau hyn yn eu dangos yn nhirwedd y rhan yma o Gymru?

Dyffryn Taf tua 1777.

Gwaith Haearn Cyfarthfa ym Merthyr Tudful, ym mhen uchaf dyffryn Taf, yn 1825.

*Y teulu Jenkins
yn 1800*

William Jenkins

Megan

John

Daniel

Ifan

Yn yr adran hon, byddwn yn edrych ar fywyd un teulu dychmygol o Gymry, sef y teulu Jenkins. Bydd hyn yn ein helpu i greu darlun o fywyd yng Nghymru a gweld sut gwnaeth y newidiadau a ddigwyddodd yn ystod y cyfnod hwn newid bywydau pobl Cymru.

Ar y fferm

Llun o'r bedwaredd ganrif ar bymtheg o fwthyn yng ngorllewin Cymru.

Roedd Cymru yn y ddeunawfed ganrif
yn wlad o stadau mawr, a oedd yn eiddo
i landlordiaid, ac o ffermydd bychan â
theuluoedd yn gweithio arnynt. Byddai
dynion, merched a phlant yn gweithio'n
galed ar y ffermydd hyn – yn edrych ar ôl
yr anifeiliaid, yn hofio, yn chwynnu, yn
codi cerrig ac yn casglu'r cynhaeaf.

Roedd William Jenkins a'i deulu'n byw ar
fferm ger Amlwch ym Môn. Tenant oedd
William a oedd yn talu rhent i dirfeddiannwr
lleol. Roedd rhai o'i ffrindiau'n berchenogion
eu ffermydd eu hunain.

Gair allweddol

landlordiaid:
    perchenogion tir sy'n rhentu
    allan eu tiroedd i denantiaid

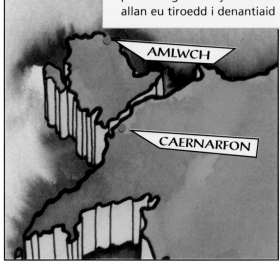

*Cafodd y llun hwn gan J. C. Ibbetson
o'r tu mewn i fwthyn ym Morgannwg
ei baentio yn 1792.*

Fel y rhan fwyaf o ffermydd Cymru, roedd
fferm y teulu Jenkins yn fach. Roedd ganddynt
ddefaid, geifr a gwartheg. Roedd y tir yn agored,
heb ei gau i mewn, a byddai'r anifeiliaid yn
crwydro'n rhydd. Byddent yn cneifio'r defaid
i gael gwlân. Roedd y teulu'n byw yn bennaf
ar y bwyd roeddent yn ei dyfu neu ei godi ar
y fferm. Bara, llaeth, menyn, rhai llysiau ac
weithiau ychydig o gig moch neu gig arall
fyddai eu bwyd ar y cyfan.

Yr unig adegau y byddai'r teulu'n gadael y
fferm oedd i fynd i'r farchnad yn Amlwch
i werthu menyn neu gig moch, i helpu
cymdogion neu i gwrdd mewn ffermydd
mwy i ganu a dathlu ar ôl y cynhaeaf.
Roedd y rhan fwyaf o drefi Cymru yn
fach a di-nod. Caernarfon oedd y brif
dref yng ngogledd-orllewin Cymru.

Meddyliwch!
Beth mae'r ddau lun yn ei ddweud wrthych
am fywyd yng Nghymru yn y 1790au?

*Tref fechan o'r fath oedd Corwen yng
ngogledd Cymru. Dyma lun a wnaeth
Thomas Rowlandson yn 1797.*

Newidiadau mewn ffermio

Gair allweddol

deddfau cau tiroedd:
deddfau yn gorfodi ffensio tiroedd comin gan greu tiroedd preifat

Roedd dulliau newydd a gwell o dyfu cnydau'n cael eu derbyn yn Lloegr erbyn diwedd y ddeunawfed ganrif. Ond roedd ffermwyr Cymru â'u ffermydd llai a'u tiroedd salach yn araf i ddechrau defnyddio'r dulliau a'r peiriannau newydd. Y tirfeddianwyr mawr oedd yr unig rai a allai fforddio arbrofi neu brynu peiriannau ffermio. Gallen nhw wneud mwy o elw ac felly roedd arnynt eisiau ffermydd mwy.

Cododd y landlordiaid renti tenantiaid fel William Jenkins. Os na allent dalu, roedd rhaid iddynt adael eu cartrefi. Roedd pwysau ar ffermwyr a oedd yn berchen ar eu ffermydd bach eu hunain i werthu.

Petai ffermwyr yn gwrthod gwerthu eu tiroedd, gallai'r tirfeddianwyr apelio i'r Senedd. Tirfeddianwyr oedd yn rheoli'r Senedd. Pasiodd y Senedd ddeddfau cau tiroedd, yn rhwystro ffermwyr rhag rhoi eu hanifeiliaid i bori ar dir comin. Roedd y tir comin hwn yn bwysig iawn oherwydd bod ffermwyr tlawd yn dibynnu arno i fwydo eu hanifeiliaid. Dinistriodd hyn y rhan fwyaf o'r gymuned ffermio yng ngogledd Cymru. Yn sir Gaernarfon roedd 60 y cant o'r tir yn eiddo i chwe dyn yn unig.

Oherwydd y newidiadau mewn ffermio, roedd rhaid i feibion William a Megan Jenkins chwilio am ffyrdd eraill o wneud bywoliaeth.

Yr un pryd, roedd diwydiannau newydd yn cychwyn ym Môn fel mewn rhannau eraill o Gymru, ac roedd y cyflogau uwch yn demtasiwn fawr i'r meibion. Erbyn 1810 roedd bywyd ar ffermydd yn ardal Amlwch, fel mewn llawer ardal arall, wedi mynd yn anodd oherwydd cau'r tiroedd ac oherwydd bod pobl iau yn cael eu denu i'r diwydiannau newydd.

Cafodd y ffotograff hwn o weithwyr fferm yn cynaeafu ym Mrechfa yng ngorllewin Cymru ei dynnu tua 1898, ond nid oedd gwaith ar y ffermydd tlotach wedi newid fawr yn ystod y ganrif.

Yn 1810 penderfynodd meibion William a Megan Jenkins adael fferm y teulu. Byddai'r penderfyniad yn un anodd iawn i'w wneud.

Meddyliwch!

Edrychwch ar ffynonellau ysgrifenedig 1, 6 a 16 yn Rhan 2.1 (tt. 70, 72, 77). Trafodwch y cwestiwn mewn parau. Ceisiwch feddwl am rai o'r rhesymau pam byddai'r brodyr Jenkins wedi penderfynu gadael y fferm ac edrych mewn lleoedd eraill am waith.

Yn **Iwerddon**, roedd ffermwyr yn wynebu problemau tebyg. Roedd bywyd yn galed oherwydd, yn wahanol i Gymru, nad oedd unrhyw waith arall yno. Heb waith, roedd pobl yn marw o newyn. Yn dilyn methiant y cynhaeaf tatws yn Iwerddon yn 1845, symudodd llawer iawn o Wyddelod i fyw yn America, a chroesodd llawer Fôr Iwerddon a dod i Gymru. Er bod rhai pobl wedi mudo o Gymru, roedd diwydiannau'n tyfu yma, ac roedd hynny'n golygu bod gwaith ar gael.

TASG

Yn yr uned hon byddwn yn mynd ati i greu cofiant y teulu Jenkins – hanes y teulu. Byddwn yn ysgrifennu eu hanes trwy eich llygaid chi a bydd hyn yn ein helpu i ddeall sut yr effeithiodd newid ar eu bywydau. Bydd angen ichi ddefnyddio'r patrwm sydd yn y pecyn gweithgareddau i greu tudalennau sy'n crynhoi beth ddigwyddodd iddynt yn y cyfnod hwn.

> bocs llun

Gallwch ddechrau yma â thudalen 1. Rhowch bennawd yn y blwch pennawd:

Ffermio ar ddechrau'r bedwaredd ganrif ar bymtheg

Eglurwch beth oedd yn bygwth y ffordd draddodiadol o fyw a sut roedd hyn yn effeithio ar y teulu Jenkins. Penderfynwch pa lun i'w roi yn y blwch lluniau.

Yr Athro Gwybodaeth:

Roedd y newid mewn ffermio wedi gorfodi llawer o bobl o bob rhan o Gymru i chwilio am waith mewn lleoedd eraill.

Gallent ffeindio gwaith yn y chwareli llechi, y diwydiant copr, gweithfeydd haearn a phyllau glo.

Pam roedd Cymru'n symud?

- Roedd poblogaeth Ewrop ar gynnydd yn y cyfnod 1750–1850. Nid oes neb yn gallu dweud yn union pam digwyddodd hyn, ond ganwyd rhagor o blant a thros amser roedd pobl yn byw yn hirach.
- Erbyn 1780 roedd injan stêm wedi ei datblygu yn Lloegr a oedd yn gallu troi peirianwaith. Yn Lloegr, cafodd ffatrïoedd mawr yn llawn o'r peiriannau hyn eu hadeiladu i wneud nwyddau ar gyfer y boblogaeth a oedd yn tyfu.
- I adeiladu'r peiriannau hyn, ac i wneud y nwyddau hyn, roedd angen haearn. Roedd digon o fwyn haearn yng Nghymru a digon o lo i fwydo'r ffwrneisi.

- Yng Nghymru, datblygodd gweithfeydd haearn yn agos i'r pyllau glo, ac roedd angen gweithwyr ar eu cyfer.
- Roedd gan Gymru weithwyr, ond doedden nhw ddim yn y lleoedd iawn. Felly symudodd pobl o'r ardaloedd ffermio i'r trefi a'r pentrefi diwydiannol.
- Newidiodd ffermio, oherwydd roedd angen bwydo'r holl bobl hyn.
- Datblygodd ffyrdd, rheilffyrdd, camlesi a phorthladdoedd yng Nghymru oherwydd bod pobl a nwyddau yng Nghymru 'YN SYMUD'.

POBLOGAETH CYMRU

1751 -	500,000
1801 -	600,000
1825 -	850,000
1851 -	1,200,000

POBLOGAETH RHAI TREFI YNG NGHYMRU

Ble?	1801	1851
Merthyr Tudful	7,705	46,378
Abertawe	6,099	21,533
Wrecsam	4,039	6,660
Caerdydd	1,870	18,351
Casnewydd	1,135	19,323
Y Drenewydd	990	3,784
Ffestiniog	732	3,460

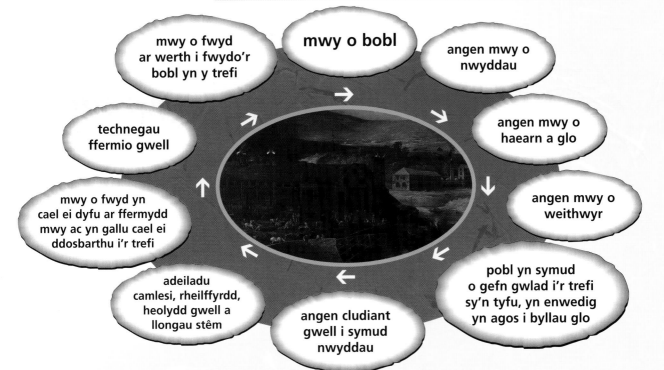

mwy o fwyd ar werth i fwydo'r bobl yn y trefi

mwy o bobl

angen mwy o nwyddau

technegau ffermio gwell

angen mwy o haearn a glo

mwy o fwyd yn cael ei dyfu ar ffermydd mwy ac yn gallu cael ei ddosbarthu i'r trefi

angen mwy o weithwyr

adeiladu camlesi, rheilffyrdd, heolydd gwell a llongau stêm

pobl yn symud o gefn gwlad i'r trefi sy'n tyfu, yn enwedig yn agos i byllau glo

angen cludiant gwell i symud nwyddau

Hanes y teulu Jenkins

Yn 1810 gadawodd y meibion Jenkins eu fferm yn Amlwch. Aeth y tri mab i ffwrdd i weithio mewn gwahanol ddiwydiannau.

- Aeth John i weithio yn y chwareli llechi yn y Penrhyn, ger Bangor.

- Arhosodd Daniel ym Môn ac aeth i weithio yn y mwynfeydd copr ar Fynydd Parys.

- Aeth Ifan yn bellach, i'r gweithfeydd haearn ger Wrecsam.

Ar y tudalennau nesaf byddwch yn darganfod sut beth oedd gweithio ym mhob un o'r diwydiannau hyn.

92

_____ **Jenkins**

Lle gweithio a math o waith:

_____

Pam tyfodd y diwydiant yn y rhan hon o Gymru?

_____

Ar gyfer beth roedd llechi/copr/haearn yn cael ei ddefnyddio a sut gwnaeth hyn wella bywydau pobl?

_____

Sut fywyd roedd gweithwyr yn ei gael yn y diwydiant?

_____

Oedd symud i'r diwydiant llechi/copr/haearn yn beth da neu'n beth drwg i John/Daniel/Ifan Jenkins?

TASG

Er mwyn helpu i gasglu'r wybodaeth cyn gynted ag y bo modd, mae angen ichi rannu'n grwpiau o dri. Dylai un ohonoch edrych ar Ddewis 1 (John Jenkins), un ar Ddewis 2 (Daniel Jenkins) ac un ar Ddewis 3 (Ifan Jenkins).

Darllenwch am y diwydiant roedd y brawd yn gweithio ynddo, ac edrychwch ar y lluniau. Ar ôl ichi wneud hynny, gwnewch dabl fel yr un isod ac ysgrifennwch yr wybodaeth sydd ei hangen. Mae'r cwestiynau'n gofyn ichi wneud penderfyniad ar sail y dystiolaeth sydd ar gael. Dyna fydd haneswyr yn ei wneud.

Ar ôl ichi lenwi eich tabl gallwch rannu'r wybodaeth â gweddill eich grŵp. Rhwng y tri aelod o'r grŵp dylech wedyn fod â gwybodaeth am ddiwydiannau llechi, copr a haearn Cymru.

TASG

Ar ôl ichi gael gwybodaeth am y tri mab, mae'n amser creu ail dudalen ein cofiant. Y pennawd yw 'Chwilio am waith'. Disgrifiwch yn fyr pam penderfynodd y tri symud o'r fferm a pha fath o waith oedd ar gael iddynt. I ble aethon nhw? Pam roedd diwydiant yn tyfu yng Nghymru? (Dewiswch un enghraifft.)

Dewiswch lun addas i'w roi gyda'ch ail dudalen. Neu gallech dynnu llun addas.

bocs llun

Dewis 1: John Jenkins yn symud i'r chwareli llechi

Gair allweddol

tramffyrdd:
cledrau lle dynnwyd certi neu wageni gan geffylau ar hyd iddynt

Datblygodd diwydiant llechi gogledd Cymru'n gyflym. Roedd rhagor o dai'n cael eu codi yn y trefi ac roedd angen rhagor o doeau a lloriau. Yn nes ymlaen byddai rhagor o ysgolion yn golygu bod angen rhagor o lechi i blant ysgrifennu arnynt. Aeth John i weithio yn chwarel lechi'r Penrhyn, ger Bangor.

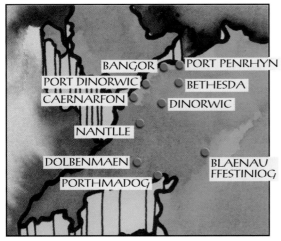

Chwareli a phorthladdoedd yng ngogledd-orllewin Cymru.

Sut datblygodd y chwareli llechi hyn?

Yn 1765 daeth Richard Pennant yn berchennog stadau'r Penrhyn a dechreuodd agor chwareli byd-enwog y Penrhyn. Cafodd harbwr Porth Penrhyn hefyd ei ddatblygu a thai eu hadeiladu i'r nifer gynyddol o weithwyr a oedd yn gweithio yn chwareli Penrhyn: 400 o ddynion yn 1790, 2,000 o ddynion erbyn 1850.

Yn fuan, roedd chwareli eraill yn agor yn Ninorwig, Nantlle a Blaenau Ffestiniog a thyfodd y rheini'n gyflym hefyd.

Arweiniodd hyn at ddatblygiadau mewn cludiant. Adeiladodd Richard Pennant, a ddaeth yn Arglwydd Penrhyn, ffyrdd a thramffyrdd i gludo'r llechi i Borth Penrhyn, Bangor a Chaernarfon. Oddi yno, byddent yn cael eu cludo ar longau i Lerpwl, ac yna ymlaen i Ewrop a Gogledd America, neu ar gamlesi i drefi yn Lloegr. Daeth gogledd Cymru yn ardal ddiwydiannol bwysig, yn allforio a mewnforio wrth i'w phorthladdoedd dyfu.

Erbyn 1850, roedd chwareli llechi Cymru'n cynhyrchu dros 90 y cant o'r llechi a gâi eu defnyddio ym Mhrydain.

Chwarel llechi Penrhyn, a baentiwyd gan Henry Hawkins yn 1832.

Y chwareli llechi

Gair allweddol

silicosis, clefyd y llwch:
clefyd a achoswyd gan
anadlu i fewn llwch silica

Roedd John a'i dîm yn cael
eu talu am y llechi roeddent
yn eu cael o'r chwarel mewn
wythnos. Roedd hyn yn
annheg oherwydd bod
rhannau o'r chwarel yn fwy
anodd i'w gweithio nag eraill.

Roedd John yn dioddef
o silicosis neu glefyd y
llwch, oherwydd y llwch
roedd rhaid iddo ei
anadlu ar ôl ffrwydro
wyneb y graig.

Roedd y
chwarelwyr yn
gweithio oriau hir

Anfanteision

Roedd gweithio yn y chwareli yn
anodd a pheryglus. Roedd
rhaid i John ddringo
ysgolion neu hongian ar
raffau i osod ffrwydron.
Yn 1818 syrthiodd oddi
ar y rhaffau wrth osod
ffrwydron ac roedd allan
o waith am ddau fis.
Doedd dim arian iddo
yn ystod y cyfnod hwn.

*Darlun o chwarel
llechi Penrhyn.*

Mae'n ddigon posibl
y byddai twristiaeth
wedi datblygu yng
ngogledd Cymru heb
y diwydiant llechi.

Roedd y chwareli'n
dinistrio'r golygfeydd
lleol ac yn niweidio'r
amgylchedd lleol.

Daeth Castell Penrhyn,
cartref yr Arglwydd Penrhyn,
yn symbol roedd John yn ei
gasáu. Gwnaeth yr Arglwydd
Penrhyn lawer iawn o arian
o ddioddefaint John. Erbyn
1808 roedd yr Arglwydd
Penrhyn yn gwneud elw
o £7,000 y flwyddyn.

*Castell
Penrhyn.*

Roedd gweithwyr fel John yn ennill mwy yn y chwarel nag ar y ffermydd.

Roedd tai at ei gilydd yn dda, ac oherwydd y gwaith nid oedd rhaid i John symud i ardaloedd eraill i weithio. Achubodd hynny gymunedau gogledd Cymru.

Cafodd ffermwyr waith ar adeg pan oedd hi'n argyfwng ar ffermio:

Nifer y chwarelwyr llechi yng ngogledd Cymru

1750	200
1800	6,000
1850	14,000

Manteision

Bu gwelliant hefyd mewn dulliau cludiant eraill yn yr ardal. Agorodd y cysylltiad rheilffordd rhwng Caergybi a Chaer yn 1848 yn cysylltu gogledd Cymru â'r system reilffyrdd Brydeinig.

Datblygodd porthladdoedd hefyd; roedd gwasanaethau i Iwerddon, Lerpwl a phorthladdoedd Ewrop a'r byd.

Oherwydd y diwydiant llechi bu datblygiad a gwelliant mewn trafnidiaeth yn yr ardal. Daeth Gwynedd yn ddolen gyswllt economaidd hanfodol rhwng Prydain ac Iwerddon.

Chwyddodd y diwydiant twristiaeth oherwydd y newidiadau hyn. Erbyn 1850 roedd gan Landudno ystafelloedd mewn gwestai i 8,000 o ymwelwyr.

Cei llechi Caernarfon yn 1910.

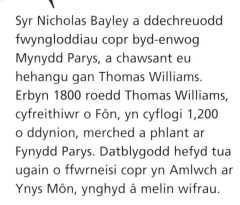

Dewis 2: Daniel Jenkins yn symud i'r mwyngloddiau copr

Dim ond tair ar ddeg oed oedd Daniel, a chafodd waith yn agos i gartref y teulu yn Amlwch. Aeth i weithio ym mwyngloddiau copr Mynydd Parys, ym Môn.

Syr Nicholas Bayley a ddechreuodd fwyngloddiau copr byd-enwog Mynydd Parys, a chawsant eu hehangu gan Thomas Williams. Erbyn 1800 roedd Thomas Williams, cyfreithiwr o Fôn, yn cyflogi 1,200 o ddynion, merched a phlant ar Fynydd Parys. Datblygodd hefyd tua ugain o ffwrneisi copr yn Amlwch ar Ynys Môn, ynghyd â melin wifrau.

Dyma lun o waith copr Mynydd Parys a gafodd ei baentio gan John Warwick Smith yn 1792. Mae rhai haneswyr yn credu bod hwn yn ddarlun llawer rhy ramantaidd o'r gwaith ac o'r dirwedd. Mae llawer o haneswyr lleol yn credu bod William Havell wedi paentio llun gwell yn 1803/4. Pa lun sy'n rhoi darlun mwy realistig o fwynglawdd copr yn eich barn chi? Pam?

Gweithio yn y mwynglawdd copr

Fe gewch chi benderfynu a oedd Daniel ar y cyfan yn well ei fyd yn y mwyngloddiau copr neu beidio.

Roedd y gweithfeydd copr yn lleoedd afiach iawn. Byddai sylffwr ac asid sylffwrig yn arllwys o'r mwyngloddiau i afonydd. Effeithiodd hyn ar iechyd Daniel.

Twll bach oedd y mwynglawdd copr i ddechrau, ond ar ôl ffrwydro ffyrnig cwympodd y canol i mewn a daeth mwynglawdd copr Mynydd Parys yn grater enfawr. Pan fyddai hi'n wlyb, roedd y mwyngloddiau'n aml yn llenwi â dŵr.

Anfanteision

Nid oedd yr ardal yn lle dymunol iawn i fyw ynddo. Byddai'r dŵr yn y mwyngloddiau yn lliw gwyrdd rhyfedd. Roedd yr aer yn llawn llwch a mwg, a doedd dim llawer o goed, planhigion nac anifeiliaid o amgylch y mwynglawdd oherwydd y gwenwyn yn yr aer.

Roedd mwyn copr Mynydd Parys yn prinhau erbyn 1802. Aeth Amlwch yn llai pwysig a bu terfysgoedd yno yn 1817. Pan fu farw'r diwydiant yn Amlwch, roedd rhaid i Daniel, fel llawer o weithwyr eraill, symud unwaith eto.

Wrth i ddiwydiannau haearn a glo Cymru dyfu, aeth copr yn llai pwysig. Roedd haearn yn haws ac yn gryfach i'w ddefnyddio na chopr ac roedd modd ei gynhyrchu'n gyflymach.

Byddai Daniel yn hongian ar raffau i osod ffrwydron i chwalu'r ochrau. Byddai'n defnyddio powdr gwn, a oedd yn beryglus iawn.

Pan ddeuai'r mwyn copr i'r wyneb, byddai merched (y 'copar ladis') a phlant yn cael eu talu i'w dorri'n ddarnau llai â llaw ac yna i'w olchi. Dyma'r gwaith yr oedd Daniel yn ei wneud nes roedd yn 15 oed.

Roedd Mynydd Parys yn bwysig i economi Cymru, Prydain ac Ewrop. Daeth Ynys Môn yn gynhyrchwr copr pwysicaf y byd.

Roedd y mwyngloddiau copr yn bwysig iawn gan eu bod wedi rhoi gwaith i bobl fel Daniel pan nad oedd arian i'w gael wrth ffermio. Achubodd y gwaith lawer rhag llwgu a rhoddodd obaith iddynt mewn amser anodd iawn.

Gair allweddol

mwyndoddi: toddi mwyn (craig sy'n cynnwys metel) er mwyn cael y metel allan

Cafodd y copr o Fynydd Parys ei brosesu mewn melinau copr i wneud pethau i'r boblogaeth a oedd yn tyfu.

Manteision

Cafodd Daniel aros yn agos i'w gartref. Cafodd llawer o gymunedau eu cadw'n fyw. Roedd y mwyngloddiau'n bwysig i'r economi leol. Erbyn 1800 roedd Amlwch wedi tyfu'n dref o tua 5,000 o bobl. Meddai'r hanesydd Jan Morris yn ei llyfr *The Matter of Wales: Yn ei dydd, Parys oedd y fenter fwyaf yng Nghymru. Cafodd pentref cyfagos Amlwch, nad oedd tan hynny yn ddim mwy na phentref pysgota, ei drawsnewid yn dref ddiwydiannol arw a therfysglyd.*

sosbenni a phadelli

hoelion

boeleri

Defnyddiau copr

offer

adeiladu llongau

Gweithfeydd copr Hafod yn Abertawe, a baentiwyd gan Henry Gastineau tua 1830.

Cafodd mwyn copr ei gludo ar longau o Fynydd Parys i Abertawe yn ne Cymru, lle roedd digon o lo rhad ar gyfer y melinau mwyndoddi. Erbyn 1820, roedd 90 y cant o gopr Prydain yn cael ei gynhyrchu yn Abertawe, ac felly helpodd hynny economi de Cymru hefyd.

Dewis 3:
Ifan Jenkins
yn symud i'r gwaith haearn

The Iron Forge between Dolgelli and Barmouth in Merioneth Shire.

Y prif gweithfeydd haearn yng ngogledd-ddwyrain Cymru

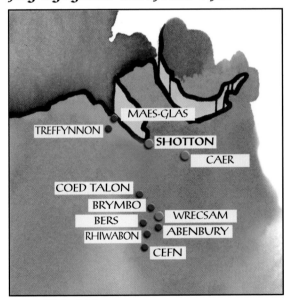

● gweithfeydd haearn

Tua'r dwyrain i gyfeiriad Wrecsam a Fflint yr edrychodd Ifan. Bu gweithfeydd haearn bychan yng Nghymru ers tro byd, fel y mae'r llun hwn a gafodd ei baentio gan Paul Sandby o efail haearn rhwng Dolgellau a'r Bermo yn 1776 yn ei ddangos.

Roedd Ifan wedi clywed am weithfeydd haearn newydd yng ngogledd-ddwyrain Cymru. Roedd dyn busnes o'r enw John Wilkinson wedi troi ffwrneisi'r Bers a Brymbo yn ddiwydiannau Ewropeaidd pwysig. Yn 1801 cafodd plât haearn yn pwyso 19 tunnell fetrig ei gario o'i ffwrneisi ar gart a gafodd ei adeiladu'n arbennig, ac wyth o geffylau'n ei dynnu. Dyma'r pwysau trymaf i gael ei gario erioed ar dir ym Mhrydain.

Yn 1810 symudodd Ifan i weithio yng ngwaith haearn Brymbo. Ni welodd ei frodyr fyth eto.

I wneud haearn, roedd mwyn haearn a chalchfaen yn cael eu llwytho i mewn i'r ffwrneisi siarcol, er iddynt ddechrau defnyddio golosg o byllau glo lleol yn Wrecsam a Merthyr yn lle'r siarcol yn fuan iawn. Roedd yr haearn tawdd, a oedd bellach yn boeth iawn, yn cael ei dynnu o'r ffwrnais, gan adael y slag ar ôl.

Roedd y mwyn tawdd yn cael ei dywallt i mewn i fowldiau, ond nid oedd yr haearn crai yn haearn cryf iawn. Cafodd 'pwdlo' ei ddyfeisio yn nes ymlaen i wneud yr haearn yn gryfach. Roedd y slag yn cael ei daflu ar y bryniau lleol mewn tomenni.

Llun yw hwn a baentiodd J. C. Ibbetson o efail haearn ym Merthyr Tudful yn 1789. Mae'r dynion yn tynnu haearn o'r ffwrnais ac yna'n ei weithio â morthwylion.

Roedd diwydiannau haearn y gogledd-ddwyrain wedi bod yn ffynnu, yn arbennig yn ystod Rhyfeloedd Napoleon (1793–1815). Yn ôl y sôn roedd y Ffrancwyr a'r Prydeinwyr yn defnyddio pelenni canon a siot a gafodd eu gwneud yng ngogledd Cymru. Pan ddechreuodd ffatrïoedd ddefnyddio llawer o injans stêm tyfodd y diwydiant yn fwy byth.

Roedd y gwaith yn ymyl y ffwrneisi yn anodd a pheryglus ond roedd y cyflog yn well nag y byddai Ifan wedi gallu ei ddisgwyl am ffermio.

Roedd y diwydiant haearn yn tyfu yn y de hefyd. Yn y 1780au roedd dull newydd o gynhyrchu haearn o'r enw 'pwdlo' wedi ei ddarganfod yng ngwaith haearn Dowlais ger Merthyr Tudful. Roedd y dull hwn yn cynhyrchu haearn gwell yr oedd modd ei ddefnyddio i wneud rhannau haearn bychan, yn ogystal â rhai mawr. Yn y de roedd digonedd o lo, ac roedd yn bosibl adeiladu gweithfeydd haearn yn y meysydd glo lle datblygodd llawer o byllau glo bach.

Gwaith haearn Dowlais, wedi'i baentio gan George Childs yn 1804.

Cododd prisiau nwyddau ar ôl 1815, ac oherwydd hynny roedd yn anodd iawn i rai gweithwyr haearn fyw ar y cyflogau roeddent yn eu cael.

Oherwydd y galw mawr am haearn, datblygodd arferion gweithio megis cyflogi plant ifanc.

Roedd llawer o anafiadau a damweiniau, a llawer ohonynt yn effeithio ar blant.

Roedd y ffwrneisi'n boeth iawn a'r oriau gwaith yn hir.

Anfanteision

Roedd tai'r gweithwyr yn wael iawn. Roedd rhaid i Ifan rannu tŷ â llawer o weithwyr eraill. Daeth elw'n bwysicach na phobl yn yr ardaloedd diwydiannol.

Roedd llawer o weithwyr haearn yn cael eu gorfodi i brynu nwyddau yn siopau'r perchenogion. Yr enwau ar y rhain oedd 'siopau Tomi' neu 'siopau trwco', ac roedd eu prisiau'n uwch na phrisiau siopau eraill. Oherwydd hynny aeth llawer o weithwyr i ddyled.

Nawr roedd hi'n bosibl gwneud llawer o bethau newydd y byddai'n amhosibl eu gwneud heb haearn – pethau fel peiriannau cymhleth ar gyfer ffatrïoedd ac injans stêm.

Erbyn 1815 roedd Prydain wedi ennill Rhyfeloedd Napoleon â Ffrainc. Un rheswm am hynny oedd bod ffwrneisi John Wilkinson yn cynhyrchu pelenni canon yn hynod o gyflym.

Roedd yn bosibl cynhyrchu offer a pheiriannau haearn yn gynt ac yn rhatach mewn gweithfeydd haearn a ffatrïoedd na'r eitemau pren a chopr ac eitemau o waith llaw blaenorol.

Manteision

llongau

peiriannau

gynnau pelenni canon

cledrau injans trên

pontydd

Defnydd o haearn yn ystod y cyfnod hwn

Erbyn 1800 roedd bron 50 y cant o'r haearn a oedd yn cael ei gynhyrchu ym Mhrydain yn dod o dde Cymru. Symudodd miloedd yno i weithio oherwydd hyn.

Oherwydd llwyddiant diwydiant haearn y gogledd-ddwyrain, daeth dynion busnes eraill i'r ardal a buddsoddi arian yn y porthladdoedd a gwella'r cludiant.

Roedd gweithwyr haearn y gogledd-ddwyrain yn ennill rhai o'r cyflogau uchaf am waith corfforol yn hanner cyntaf y bedwaredd ganrif ar bymtheg.

Oherwydd twf y diwydiant haearn cafodd Ifan Jenkins a llawer o Gymry eraill waith yr oedd mawr angen amdano.

Y daith hir i'r de

Sut byddech chi'n teithio i dde-ddwyrain Cymru o'r gogledd-orllewin heddiw? Sawl dewis sydd?

- car
- bws
- trên
- cerdded

Hyd yn oed heddiw, gall fod yn siwrnai anodd. Nid oes traffordd trwy ganol Cymru, ac nid oes llinell reilffordd uniongyrchol.

Pa ffordd bynnag ewch chi, mae'n daith hir hyd yn oed yn ein dyddiau ni, ac yn 1817 wrth gwrs, doedd dim car, bws na rheilffordd.

Taith drên nodweddiadol o Abertawe i Fangor heddiw:

Abertawe	0717
Caerdydd (newid)	0844
Casnewydd	0859
Crewe (newid)	1117
Bangor	1249

Meddyliwch!
Pa mor hir yw siwrnai drên nodweddiadol o Abertawe i Fangor? Allwch chi ddarganfod y llwybr trwy edrych ar fap?
(I gymharu, ar gyfartaledd ychydig dros 3 awr yw'r siwrnai drên o Abertawe i Lundain.)

Pam symudodd Daniel Jenkins i'r de?

Yn fachgen, roedd Daniel wedi gweithio ar fferm ei dad. Bu'n rhaid i aelodau iau'r teulu adael y fferm oherwydd na allent wneud bywoliaeth. Roedd Daniel wedi symud i'r gwaith copr, ond yn 1817 caeodd y mwynglawdd copr a chollodd Daniel ei waith. Ar ôl chwilio'n ofer am waith, penderfynodd symud i Ferthyr yn ne Cymru lle roedd wedi clywed bod gwaith i'w gael. Gadawodd Daniel Amlwch a Mynydd Parys yn 1817 a chychwyn am y de. Nid oedd aros yn Amlwch yn ddewis, ac roedd rhaid i lawer fel Daniel edrych am waith ymhellach oddi cartref. Roedd yn dlawd. Dim ond un ffordd o deithio oedd ar gael iddo – byddai'n rhaid iddo gerdded.

Nid oedd teithio ar y ffyrdd mor hawdd â hynny, fel y byddwn yn gweld. Edrychwch yn ôl ar y lluniau o'r wlad. Beth oedd yn ei gwneud yn anodd teithio?

Roedd teithio'n anodd

Yn 1764 roedd y pregethwr Methodistaidd John Wesley yn teithio o amgylch rhannau o Gymru. Dyma ddau ddyfyniad o'i ddyddiadur:

Rhwng Llanidloes a Thregaron, 25 Gorffennaf
Ar ôl crwydro o amgylch am awr yn y mynyddoedd, trwy greigiau a chorsydd a chlogwyni, daethom yn ôl â chryn ymdrech i'r tŷ bychan wrth y bont.

Dydd Mawrth 31 Gorffennaf
Cychwyn am Forgannwg a marchogaeth i fyny ac i lawr mynyddoedd serth a charegog am ryw bum awr i Dalacharn. Aethom hyd at fferi Llansteffan lle roedd perygl inni gael ein llyncu yn y llaid cyn gallu cyrraedd y dŵr.

Meddyliwch!
Teithiodd Daniel o'r gogledd i'r de i chwilio am waith. Roedd â'i fryd ar gyrraedd Merthyr, dros 200 milltir i ffwrdd. Byddai'r daith yn mynd ag ef i fyny mynyddoedd, ar hyd dyffrynnoedd, ar draws gweundiroedd llwm a thros afonydd. Gallai'r tywydd droi'n wlyb. Faint o amser gallai'r daith ei gymryd yn eich barn chi?

Ffyrdd

Gair allweddol

cwmnïau tyrpeg:
cwmnïau preifat gafodd
eu creu i adeiladu a
thrwsio ffyrdd ac i gasglu
tollau i dalu am y ffyrdd

Roedd Arthur Young yn teithio yng
Nghymru yn 1776. Yn ôl ei ddisgrifiad
ef, nid oedd y ffordd o Gas-gwent i
Gasnewydd fawr gwell na llwybr creigiog.
Roedd cerrig enfawr yr un faint â
cheffylau arni a thyllau anferthol.

Yn 1817 pan adawodd Daniel Ynys
Môn, byddai wedi croesi Afon Menai
ar fferi. Ar ôl cyrraedd yr ochr arall
byddai wedi sylwi ar sut roedd y ffyrdd
yn gwella. Yn 1811 roedd y peiriannydd
ffyrdd Thomas Telford wedi ei benodi
i drwsio'r ffordd rhwng Llundain a
Chaergybi. Erbyn 1817 roedd y gwaith
ar y gweill, er na fyddai'n cael ei orffen
tan 1827, flwyddyn ar ôl adeiladu
Pont Menai.

Disgrifiodd Telford pa mor anodd oedd
adeiladu'r ffordd o Amwythig i Gaergybi.

*Roedd adeiladu'r ffordd hon, trwy ardal arw a
mynyddig, weithiau ar hyd llethrau clogwyni, ac
ar draws tafodau o fôr, lle gall coetsys y post a
choetsys eraill bellach deithio ddeng milltir yr
awr, yn waith anodd iawn yn wir a chymerodd
bymtheg mlynedd o lafur caled di-baid.*

Ffyrdd newydd a chwmnïau tyrpeg

Daeth grwpiau o ddynion busnes at ei gilydd
i wella ffyrdd er mwyn gallu cael eu nwyddau
i'r porthladdoedd a'r trefi yn llawer cyflymach.
Aethant ati i ffurfio cwmnïau tyrpeg i adeiladu
ffyrdd a'u cynnal a'u cadw, ond er mwyn talu
eu costau a gwneud elw roeddent yn codi
tollau ar bobl am gael defnyddio'r ffyrdd hyn.
Digiodd hyn lawer o bobl yng Nghymru a oedd
nawr yn gorfod talu i deithio neu i symud eu
hanifeiliaid o'u ffermydd i'r farchnad.

Wrth i Daniel deithio tua'r de byddai wedi
gweld y tollbyrth hyn.

Camlesi

Gair allweddol

nafis:
llafurwyr a oedd yn
gweithio ar y camlesi

Ar ei daith, efallai fod Daniel wedi mynd trwy'r Drenewydd a'r Trallwng, lle roedd brethyn yn cael ei gynhyrchu gan beiriannau mewn ffatrïoedd erbyn hynny. Yma byddai wedi gweld rhan olaf Camlas Trefaldwyn yn cael ei hadeiladu. Roedd y gamlas yn cysylltu'r Drenewydd â'r Trallwng, gogledd-ddwyrain Cymru, a dinasoedd mawr Birmingham a Manceinion yn Lloegr.

Pan gyrhaeddodd Ferthyr byddai wedi gweld pen uchaf Camlas Morgannwg a oedd yn cysylltu Merthyr â Chaerdydd ar hyd dyffryn Taf.

Yn 1790 y dechreuodd y gwaith o adeiladu camlesi yng Nghymru pan gafodd Camlas Morgannwg ei hadeiladu i lawr dyffryn Taf. Agorodd y gamlas hon yn 1794 ac, fel y rhan fwyaf o gamlesi ar y pryd, roedd yn cael ei defnyddio i gario glo a haearn o'r ardaloedd diwydiannol i'r porthladdoedd. Roedd cloddio'r camlesi mewn dyffrynnoedd ag ochrau mor serth yn waith anodd a chafodd cannoedd lawer o nafis eu defnyddio i wneud y gwaith palu caled. Roedd yn llawer haws cario nwyddau trwm mewn cychod ar y camlesi nag ar gefn mulod neu mewn certi a cheffylau'n eu tynnu.

Tref bwysig arall o ran cynhyrchu gwlân oedd Llanidloes. Cafodd y llun hwn o ffatri wlân yn Llanidloes ei dynnu tua 1880.

105

Loc camlas ym Mhontypridd ar Gamlas Morgannwg yn y 1930au.

Rheilffyrdd

*Injan stêm symudol
Richard Trevithick.*

Ar ei daith i'r de, efallai y byddai Daniel wedi clywed am ffordd newydd o deithio, yn enwedig gan mai i Ferthyr roedd yn mynd. Yno yn 1804 roedd periannydd o'r enw Richard Trevithick wedi gwneud enw iddo'i hun. Ef oedd y dyn cyntaf i ddatblygu injan stêm symudol i redeg ar gledrau. Bet oedd y tu ôl i hyn. Ar 12 Chwefror 1804, tynnodd peiriant Trevithick wagen yn cynnwys deg tunnell fetrig o haearn a 70 o ddynion, o Waith Haearn Penydarren ym Merthyr Tudful i Abercynon. Enillodd Trevithick y fet, ond aeth neb ati i ddatblygu ei syniad a byddai'n marw'n ddyn tlawd.

Byddai 25 mlynedd yn mynd heibio cyn i adeiladu rheilffyrdd ddechrau o ddifrif. Yn 1829 dangosodd George Stephenson ei drên locomotif enwog, y Rocket. Cafodd y rheilffordd gyntaf yng Nghymru ei hadeiladu yn 1841 rhwng Merthyr Tudful a Chaerdydd. Buan y dilynodd rheilffyrdd eraill ar gyfer cludo nwyddau o'r diwydiannau a oedd yn tyfu i borthladdoedd fel Caernarfon a Bangor yn y gogledd, Ellesmere Port a Lerpwl yn y gogledd-ddwyrain, ac Abergwaun, Abertawe, Caerdydd a Chasnewydd yn y de.

Meddyliwch!
Meddyliwch am ffyrdd gwnaeth rheilffyrdd effeithio ar fywydau pobl.

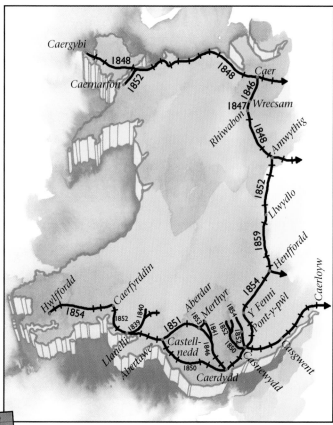

Rheilffyrdd Cymru a gafodd eu hadeiladu erbyn 1854 (gyda'r dyddiadau cwblhau).

Roedd ar lawer o bobl ofn y rheilffyrdd newydd. Roedd llawer yn credu eu bod yn rhy beryglus i gario pobl. Er hynny, cyn hir byddai trenau yn ffordd bwysig o deithio.

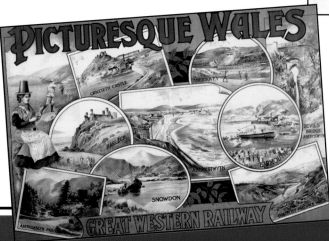

Ni fyddai Daniel wedi gweld llawer o'r datblygiadau hyn a fyddai'n gwneud teithio'n llawer haws o ganol y bedwaredd ganrif ar bymtheg ymlaen. Byddai ei daith ef wedi cymryd wythnosau, neu efallai hyd yn oed fisoedd, ar droed. Byddai angen arian arno i brynu bwyd ar daith hir, ac felly mae'n bosibl y byddai wedi aros yn aml ar y ffordd i weithio ar ffermydd.

Dyma ran o ddyddiadur person go iawn, Evan Rees, a symudodd gyda'i deulu o sir Benfro i Aberdâr yn 1850:

Roedd rhaid i'r teulu gerdded yr holl ffordd. Rhoesant yr holl gelfi a oedd yn bwysig iddynt ar gart a dechrau cerdded y tu ôl iddo, ar daith a fyddai'n cymryd pedwar diwrnod a thair noson.

TASG

Teitl eich pennod nesaf yw **'Symud eto'**. Mae'n 1818 ac rydych yn agosáu at Ferthyr Tudful. Mae angen llun perthnasol.

bocs llun

Ffrâm ysgrifennu bosibl:

PARAGRAFF 1:

'Byddai Daniel wedi cymryd amser maith i deithio i'r de . . .'
Eglurwch y byddai rhai mathau o gludiant yn rhy ddrud. Eglurwch beth oedd yn gwneud teithio ar y ffyrdd yn anodd.

PARAGRAFF 2:

'Ar ei daith tua'r de byddai Daniel wedi gweld rhai newidiadau diddorol mewn cludiant . . .'
Eglurwch y newidiadau a oedd yn digwydd i'r ffyrdd. Eglurwch am adeiladu'r camlesi.

PARAGRAFF 3:

'Wrth i Daniel agosáu at Ferthyr clywodd stori am ddyn o Gernyw o'r enw Richard Trevithick . . .'

PARAGRAFF 4:

'Fel yr oedd goleuadau Merthyr Tudful yn dod i'r golwg sylweddolodd fod ei fywyd yn mynd i newid eto . . .'
Eglurwch y newidiadau a oedd yn debygol o effeithio ar ei fywyd.

Dechrau newydd!

Cyrhaeddodd Daniel Ferthyr Tudful yn 1818 ar ôl clywed bod digon o waith yno i ddynion a allai wneud haearn neu gloddio am lo.

Cafodd Daniel waith yn y gweithfeydd haearn yno, er bod pyllau glo hefyd yn gweiddi'n groch am weithwyr.

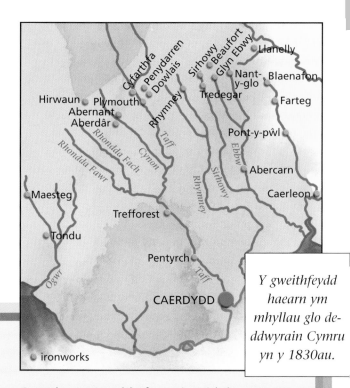

Y gweithfeydd haearn ym mhyllau glo de-ddwyrain Cymru yn y 1830au.

Y diwydiannau haearn a glo yn ne Cymru

Roedd diwydiant yn ne Cymru wedi datblygu'n gyflym oherwydd ei bod yn bosibl adeiladu'r gweithfeydd haearn yn agos iawn at y pyllau glo. Gan fod angen llawer iawn o lo i gynhyrchu haearn, roedd modd cadw'r costau'n isel.

Roedd gweithfeydd haearn Dowlais ym Merthyr Tudful yn fusnes a oedd yn tyfu dan reolaeth John Guest. Buan y symudodd gweithredwyr eraill i mewn. Agorodd Richard Crawshay o Swydd Efrog ei waith haearn yng Nghyfarthfa, a daeth ei fab William yn rheolwr ar y gwaith hwn. Yn sgil y pedwar gwaith haearn byd-enwog ym Merthyr Tudful – Dowlais, Cyfarthfa, Plymouth a Phenydarren – bu twf enfawr yn y dref.

Daeth porthladdoedd Abertawe, Caerdydd a Chasnewydd yn bwysig iawn hefyd a chyn hir roedd cysylltiadau rheilffordd rhwng y gweithfeydd haearn a'r pyllau glo, gan gysylltu'r diwydiannau hyn â gweddill y byd.

Tyfodd y trefi wrth i ragor o bobl gyrraedd i chwilio am waith.

Dyma lun o ffwrneisi Bute yn Rhymni, wedi'i baentio gan John Petherick tua 1830. A allwch chi ddweud trwy edrych ar y llun beth oedd barn yr arlunydd am y diwydiant haearn?

108

Tyfodd y gweithfeydd haearn hyn yn enfawr a llifodd pobl i dde Cymru o ardaloedd ym Mhrydain ac o wledydd eraill i chwilio am waith.

Pyllau glo cynnar

Yn sgil y twf enfawr yn y diwydiant haearn daeth cynnydd mawr yn y galw am lo, oherwydd bod ei angen i wneud haearn. Roedd angen glo ar drenau hefyd, ac felly ychwanegodd eu datblygiad hwythau at y twf yn y galw am lo, ac arweiniodd hefyd at gludo glo o'r pyllau i'r porthladdoedd lle gallai gael ei allforio i bob rhan o'r byd i'w ddefnyddio mewn trenau stêm a llongau stêm.

Roedd llawer o ferched yn gwneud gwaith corfforol trwm yn y pyllau glo cynnar.

Pwll glo cynnar yn 1792, wedi'i baentio gan J. C. Ibbetson.

Nid agorodd y rhan fwyaf o'r pyllau glo mawr yn ne Cymru tan y 1850au, ond roedd llwyddiant y diwydiant glo yn sicr oherwydd y nifer fawr o ffwrneisi haearn yn yr ardal.

Meddyliwch!

O'r lluniau ar y tudalen hwn, beth yn eich barn chi oedd prif anawsterau a pheryglon gweithio mewn pyllau glo yn nechrau'r bedwaredd ganrif ar bymtheg (19g.)?

Gwaelod siafft mewn pwll glo: mae glöwr yn cael ei ollwng i lawr ac mae'r basgedi o lo yn aros i gael eu codi i'r wyneb. Canhwyllau oedd yn rhoi'r golau; gallwch weld un yn nwylo'r bachgen ac yma un arall yn y to.

Roedd datblygiad de Cymru yn syfrdanol a chafodd effaith gadarnhaol yn ogystal ag effaith negyddol ar fywydau pobl Cymru, Prydain a'r byd. Daeth pobl fel Daniel yn ymwybodol iawn hefyd o'r gwahaniaethau rhwng y rhai a oedd yn berchen ar y pyllau glo a'r ffwrneisi haearn a'r bobl oedd yn gweithio ynddynt. Dechreuodd y teimlad hwn o wahaniaeth dosbarth effeithio mwy a mwy ar fywyd yng Nghymru yn y cyfnod hwn. Mae'r darlun o Helfa Cyfarthfa yn 1830 yn dangos perchenogion diwydiannau yn ardal Merthyr yn cwrdd yn gymdeithasol.

110

TASG

1. Beth allwch chi ei awgrymu am berchenogion diwydiant o'r llun?

2. Beth allwch chi ei awgrymu am y glöwr o Gymro o'r llun?

3. Sut mae'r lluniau o'r gweithiwr a'r perchenogion yn wahanol?

4. Pa gwestiynau hoffech chi eu gofyn am y lluniau a'r bobl sydd ynddynt?

Glöwr o bwll glo yn Nhredegar tua 1860.

Hannah'n mynd i weini

Pan symudodd Daniel i Ferthyr, fe wnaeth gwrdd â merch o'r enw Hannah. Roedd hi wedi symud i Ferthyr o bentref o'r enw Llangadog yng ngorllewin Cymru i chwilio am waith. Bu'n ffodus, a chafodd waith fel morwyn gyda theulu William Crawshay, y perchennog gweithfeydd haearn. Roedd ar Daniel a Hannah eisiau priodi ond roedd rhaid iddynt gynilo digon o arian rhyngddynt i allu rhentu tŷ, a chymerodd hynny dipyn o amser. Yn 1825 symudodd y teulu Crawshay a'u gweision a morynion i Gastell Cyfarthfa, oedd newydd gael ei adeiladu.

Roedd bywyd Hannah fel morwyn yn wahanol iawn i fywyd merched y teulu Crawshay.

Cysgai Hannah yn ystafelloedd y morynion yng Nghastell Cyfarthfa. Ystafelloedd moel yn yr atig oedd y rhain fel rheol, a byddai dwy neu dair o forynion yn rhannu ystafell. Roedd rhaid i Hannah, morwyn fach y gegin gefn, godi am bump o'r gloch y bore i gynnau'r tân yn y gegin. Yna byddai'n rhaid iddi weithio'n galed trwy'r dydd yn y ceginau, yn cario glo, glanhau'r llysiau a golchi'r padelli. Fyddai ei gwaith ddim drosodd tan yn hwyr y nos pan fyddai holl lestri cinio'r Crawshays wedi eu golchi a'u sychu. Ond o leiaf roedd yn cael rhywfaint o fwyd da.

Hyd yn oed ymhlith gweision a morynion, byddai gan bobl waith gwahanol. Mae'r llun hwn yn dangos y staff a oedd yn gweithio yn yr awyr agored yng Nghyfarthfa yn y 1880au. Byddai yna ostleriaid, ciperiaid, gweision stabl a garddwyr. A allwch chi ddyfalu o'r llun hwn beth oedd gwaith y bobl hyn?

Dawns a gafwyd yn y sied wagenni anferth yng Nghyfarthfa i ddathlu priodas Rose a Robert, mab William Crawshay, yn 1846.

Roedd Castell Cyfarthfa fel palas. Roedd ynddo 72 ystafell a 15 tŵr gyda gwres a thanau cynnes yn holl ystafelloedd y teulu, ond dim ond yn rhai o ystafelloedd y gweision a'r morynion. Câi bwyd ei weini mewn ystafell fwyta fawr a byddai'r teulu Crawshay bob amser yn gwisgo'n arbennig ar gyfer cinio.

Nid oedd Mrs Rose Crawshay yn gweithio am arian, wrth gwrs, ond byddai'n goruchwylio'r morynion a'r gweision er mwyn gwneud yn siŵr bod popeth yn rhedeg yn esmwyth yn y tŷ. Byddai'n treulio llawer o amser yn ymweld â theuluoedd cefnog eraill neu'n derbyn gwahoddedigion.

Nid oedd gan ferched hawl i bleidleisio (ni chawsant yr hawl tan 1918, a hyd yn oed wedyn dim ond merched gweddol gyfoethog a gâi bleidleisio), ac roedd pobl yn meddwl nad oedd yn beth gweddus iddynt gymryd rhan mewn trafodaethau neu benderfyniadau gwleidyddol. Roeddent yn dibynnu ar eu gwŷr am arian – hyd yn oed y merched cyfoethog – ac ychydig iawn o hawliau oedd ganddynt yn ôl y gyfraith.

Teimlai llawer o ferched cyfoethog ei bod yn ddyletswydd arnynt i helpu pobl dlawd yr ardal, ac felly byddent yn gwneud gwaith elusennol. Roedd Mrs Crawshay yn arbennig o weithgar. Roedd yn trefnu ceginau cawl mewn sawl pentref lleol er mwyn i bobl dlawd gael cawl dair gwaith yr wythnos, ac roedd hwn yn drefniant a barhaodd am 30 mlynedd. Agorodd saith o lyfrgelloedd rhydd i annog pobl i ddarllen. Credai y dylai merched gael addysg ac y dylai fod ganddynt rai hawliau gwleidyddol. Roedd yn un o'r bobl gyntaf i gael eu hethol i'r Bwrdd Ysgol lleol, y pwyllgor oedd yn cael ei ethol i redeg ysgolion yn y sir.

Mrs Crawshay a'i merched.

Y Fonesig Charlotte Guest yn annerch yn ystod seremoni wobrwyo yn Ysgol Dowlais.

Yr Athro Gwybodaeth:

Un o ffrindiau Rose Crawshay oedd y Fonesig Charlotte Guest, Dowlais. Roedd hi'n ysgolhaig a gyfieithodd y *Mabinogion*, yr hen chwedlau canoloesol, o'r Gymraeg i'r Saesneg. Sefydlodd hefyd ysgolion yn Nowlais i blant y gweithwyr. Yn ddiweddarach, bu'r Fonesig Charlotte yn rhedeg gwaith haearn Dowlais yn answyddogol pan oedd ei gŵr yn sâl.

Pan briododd Daniel a Hannah, roedd rhaid i Hannah adael gwasanaeth y Crawshays er mwyn byw mewn tŷ ar rent gyda Daniel a magu plant. Roedd y rhan fwyaf o bobl yn teimlo na ddylai menyw fynd allan i weithio ar ôl priodi, yn enwedig os oedd ganddi blant. Er bod ganddynt ychydig o gynilion, roedd tai mor brin fel na allai Daniel a Hannah fforddio mwy na rhentu tŷ bychan a'i rannu â theulu arall o bedwar.

Menywod yn cludo glo yn y Rhondda, tua 1880.

I'r rhan fwyaf o ferched a weithiai roedd y gwaith yn galed, yr oriau'n hir ac amodau byw yn wael. Fel y gwelsom, roedd merched yn gweithio mewn pyllau glo a gweithfeydd haearn yn y cyfnod hwn, ac roedd llawer o blant yn gweithio yno hefyd. Weithiau, byddai teuluoedd cyfan yn gweithio gyda'i gilydd

oherwydd na allai'r merched fforddio aros gartref. Roedd merched yn cael llai o arian na dynion am wneud gwaith corfforol trwm digon tebyg. Ychydig iawn o arian a gâi'r plant.

Ond nid oedd popeth yn ddiflas. Roedd merched sengl yn awr yn ennill eu harian eu hunain, ac felly nid oedd raid iddynt ddibynnu cymaint ar ddynion ag yn y gorffennol. Yng ngogledd Cymru yn arbennig, daeth merched yn brif berchenogion siopau a thafarndai.

Meddyliwch!

- Pam roedd rhieni'n gadael i'w plant fynd i weithio?
- Beth oedd manteision ac anfanteision priodi i Hannah?
- Sut mae sefyllfa merched yn yr unfed ganrif ar hugain yn wahanol i'w sefyllfa yn y cyfnod hwn?

113

TASG

Ychwanegwch un paragraff at eich cofiant o'r teulu Jenkins. Y pennawd yw **'Gweini ar y Crawshays'**. Disgrifiwch waith Hannah fel morwyn a bywyd gwahanol iawn Mrs Crawshay. Dewiswch lun.

bocs llun

A oedd bywyd yn dda neu'n ddrwg i Daniel a Hannah? Edrych ar y dystiolaeth

Ffynhonnell A

Mae'r cwrtiau'n aml yn llyn o laid, budreddi a bwyd gwastraff, ac yma y mae'r Gwyddelod a'r Cymry'n gwneud eu gwelyau. Mae holl fudreddi'r tai'n cael ei daflu am eu pennau. Pan fydd hi'n wlyb, mae'n amhosibl cerdded y strydoedd, mae ceffylau a chartiau'n suddo yn y cymysgedd aflan.

Papur newydd, 1850

Ffynhonnell Ch

Mae'r bobl yn defnyddio potiau siambr ac yn cael gwared ar y cynnwys ar y stryd o flaen eu tai, neu'n ei daflu i'r afonydd. Mae dynion yn pasio dŵr lle bynnag y mynnont a rhoddir plant allan mewn cadeiriau i wneud eu busnes.

Arolygwr y llywodraeth, 1849

Ffynhonnell B

Tai teras wedi'u hadeiladu ym Merthyr Tudful tua 1845. Yn y teras hwn roedd tai uwch â dwy ystafell yr un, a thai islawr ag un ystafell yr un.

Ffynhonnell C

Bues yn archwilio ardal o'r enw Bethesda Gardens ger Pontshorehouse. Mae'n wirioneddol ofnadwy. Roedd y teuluoedd yn aml yn byw mewn seleri, a oedd o dan y ffyrdd, a byddai budreddi'n llifo i mewn iddynt o strydoedd ac adeiladau. Mewn un tŷ roedd y gwteri'n llifo'n rhydd y tu mewn.

Adroddiad iechyd, 1853

Ffynhonnell D

Perfformiodd Syrcas Americanaidd Sands ym Maes Castell Cyfarthfa am 2.30 p.m. i tua 1,300 o bobl ac eto am 7.30 p.m. i tua 2,500–3,000 o bobl.

Erthygl mewn papur newydd, 1844

Ffynhonnell Dd

Dim ond un ffynnon o ddŵr glân oedd ar gyfer Merthyr Tudful i gyd. Nid yw'n anarferol gweld cant o bobl yn aros eu tro. Mae merched wedi dweud wrthyf eu bod weithiau yn aros am 6, 8 neu efallai 10 awr am eu tro. Mae rhai wedi bod yn effro trwy'r nos yn aros.

Arolygwr iechyd, 1830

Ffynhonnell F

Roedd bywyd byrlymus y Rhondda yn sicr yn lle delfrydol i faladwyr fel Dic Dywyll ennill enw iddynt eu hunain. Byddent yn mynychu'r tafarnau a'r marchnadoedd, yn gwerthu eu cerddi a'u canu. Nid yw'n syndod bod Eisteddfodau Cymru wedi cael adfywiad yn y 1820au.

Hefin Jones, a ysgrifennodd lyfr am Dic Dywyll

Ffynhonnell E

Mae pobl yn tueddu i nôl eu dŵr o dwll ger mynwent capel Bethesda. Mae'r dŵr hwn yn llifo i'r twll trwy'r fynwent ei hun. Does ond dychmygu ei flas a'i aflendid.

Arolygwr colera, 1835

Ffynhonnell FF

Roedd llawer o dafarnau ym Merthyr a'r trefi a'r dinasoedd o amgylch. Yn sicr, roedd digon o bethau gwael i'w dweud amdanynt, ond roeddent hefyd yn fwrlwm o weithgaredd ac yn rhan ganolog o fywyd llawer cymuned.

Erthygl mewn cylchgrawn, 1970

Ffynhonnell G

Yn gynnar fore Gwener ymosododd llygoden fawr ar fab Mr James Evans. Roedd y bachgen ym mreichiau ei fam pan gafodd hi ei deffro gan symudiadau'r bachgen. Deffrodd i weld y dillad gwely'n waed i gyd a'r llygoden fawr yn bwyta ochr ei mab.

Erthygl mewn papur newydd, 1839

Ffynhonnell Ng

Mae'r plant wedi eu diddanu gan arddangosfa o waith cwyr yn rhan orllewinol y neuadd farchnad.

Papur newydd, 1842

Ffynhonnell H

Mae'r amrywiaeth o bobl a welir yn yr ardal yn wahanol i'r hyn a geir mewn unrhyw ardal arall. Mae'r Cymry'n cymysgu â'r Gwyddelod a'r Albanwyr a'r Saeson ac yma ac acw clywir acenion estron pobl a ddaw i geisio gwell byd. Mae natur gosmopolitaidd bywyd yma yn sicr yn denu'r sawl sy'n chwilio am antur a chyffro.

Papur newydd The Times, 1856

Ffynhonnell I

Does fawr amheuaeth fod cyfraddau marwolaeth yn uchel oherwydd bod materion iechyd yn cael eu hanwybyddu gan berchenogion diwydiant yn ogystal â'r bobl eu hunain. Mae bai ar y ddwy ochr am beidio â bod eisiau gwario arian ar lanweithdra. Does fawr ryfedd bod y cyfnod hwn yn haeddu'r enw 'Cyflafan y Diniwed'.

Hanesydd academaidd, Alison Baggott, History of Wales (2001)

Ffynhonnell L

Daeth gornestau chwaraeon yn boblogaidd iawn, a daeth paffio, ymladd ceiliogod a brwydrau cŵn yn ffordd o fyw.

Y cylchgrawn Sporting Digest yn disgrifio Caerdydd yn 1840

Y tu allan i'r dafarn Lord Raglan ym Merthyr Tudful yn y 1870au.

TASG

1. Defnyddiwch y dystiolaeth sydd yn Ffynonellau A–L i wneud rhestr o'r pethau da am fywyd Daniel a Hannah ym Merthyr Tudful, ac yna restr o'r pethau gwael.

2. Nawr gallwch ysgrifennu tudalen arall o hanes y teulu Jenkins. Teitl yr adran hon fydd **'Bywyd gwell?'**. Erbyn y diwedd rhaid i chi benderfynu (rhoi dehongliad o) a oedd eu bywydau wedi newid er gwell neu er gwaeth.

Cofiwch y dylai eich darlun roi dehongliad o'u bywyd ym Merthyr Tudful.

bocs llun

Pam roedd plant yn marw mor ifanc?

Byddai llawer o blant yn marw'n ifanc yng Nghymru yn y cyfnod hwn, yn enwedig yn ardaloedd glofaol y de.

Geiriau allweddol

disgwyliad oes: y nifer o flynyddoedd y mae disgwyl i rywun fyw

trapiwr: plentyn oedd yn agor y trapddorau mewn pwll glo ar gyfer y tramiau oedd yn cario'r glo

Roedd fy mab Edwin yn fachgen bach bywiog a direidus, ond mae tair blynedd i lawr y pwll wedi ei newid. Mae'n wan a phrin y gall e gerdded. Rwy'n ei anfon i'r pwll bob dydd. Mae gen i deulu mawr ac mae angen bwyd arnyn nhw.
Gilbert Sharpe o Ferthyr Tudful, 1840au

Disgwyliad oes yn 1848
Tregaron, gorllewin Cymru:
41 blynedd a 9 mis
Merthyr Tudful:
18 blynedd a 2 fis

Rwyf wedi gweithio yn y pwll glo er pan oeddwn i'n bump oed. Pan es i lawr i ddechrau allwn i ddim aros ar ddi-hun, ond nawr rwy'n 'smygu pib.
Geiriau trapiwr dienw o Gymru yn 1842.

Yn yr ardaloedd a astudiais yng Nghymru rhwng 1841 a 1847, ganwyd 11,454 o blant a bu farw 4,278 cyn eu bod yn bump oed – 37.3%. Mae'r ffigurau enbyd hyn yn dweud cyfrolau am yr amodau erchyll.
William Kay, Arolygydd Iechyd, 1854

Er mai ychydig sy'n marw o ganlyniad uniongyrchol i newyn, mae'n sicr bod llawer o'r dosbarth gweithiol yn marw oherwydd diffyg bwyd, oriau gwaith hir, diffyg dillad, a'r amodau llaith y maent yn byw ac yn gweithio ynddynt.
Arolygydd Iechyd, 1849

Roeddent yn cael eu lladd gan eu rhieni!

Doedd eu rhieni ddim yn eu lladd yn llythrennol, ond yn hytrach yn eu lladd trwy anwybodaeth. Byddai rhieni yn aml yn dod â heintiau a chlefydau marwol gartref gyda nhw o'r gwaith a fyddai'n lladd plentyn bychan o fewn dyddiau. Hefyd byddai babanod yn bwyta ac yn yfed yr un pethau â'u rhieni. Os oedd eu rhieni'n byw ar datws yn unig, ar lysiau oedd yn pydru neu ddŵr wedi'i lygru, dyna oedd y plant yn eu cael hefyd a gallai'r bwyd hwnnw neu'r dŵr eu lladd. Heddiw gwyddom lawer mwy am iechyd ac am sut mae afiechydon yn cael eu trosglwyddo.

Doedden nhw ddim yn ddigon cryf

Roedd diffyg bwyd iawn yn golygu nad oedd plant yn ddigon cryf i frwydro yn erbyn afiechydon a heintiau. Byddai teiffoid, y colera a thwbercwlosis yn lladd cannoedd a miloedd. Prif achosion yr afiechydon hyn oedd diffyg systemau carthffosiaeth a diffyg glanweithdra, ac oherwydd anwybodaeth nid oedd gan bobl yr ewyllys i wneud unrhyw beth ynglŷn â'r broblem.

Y gwaith yn y pyllau glo

Byddai plant yn aml yn gweithio mewn amgylchiadau hynod o beryglus. Plant fyddai bob amser yn agor ac yn cau'r drysau yn y pyllau. Byddai'r amodau llaith, budr ac aflan, ynghyd â'r ffaith y byddent yn gweithio mewn tywyllwch llwyr, yn lleihau disgwyliad oes y plant. Roedd y trapwyr, fel y caent eu galw, yn fwyd i eirch!

Gwaith plant mewn diwydiant

Byddai llawer o blant yn cael eu cyflogi mewn diwydiant, i wneud gwaith peryglus. Gan eu bod yn fach, gallent symud o gwmpas o dan y peiriannau a'r tu mewn iddynt. Byddai hynny'n arwain at lawer o ddamweiniau a fyddai'n gadael rhai plant heb freichiau neu goesau, a byddai eraill yn cael eu lladd yn syth. Doedd byth giardiau ar beiriannau fel melinau rholio yn y gweithfeydd haearn. Dyna lwcus bod y gyfradd eni uchel yn golygu bod plentyn arall bob amser ar gael i gymryd lle un fyddai'n cael ei anafu!

Byddai plant hefyd yn cael eu gwthio i fyny simneiau i'w glanhau. Ar gyfartaledd, saith mis fyddai plentyn yn ei bara yn y gwaith hwn.

Cyffuriau!

Er bod hyn yn fwy cyffredin yn Lloegr nag yng Nghymru, roedd rhoi cyffuriau i blant i'w gwneud yn haws eu trin hefyd yn arferiad. Roedd dogn o 'Tawelwch' neu Syryp Pabi (math o opiwm) yn sicrhau plentyn tawel na fyddai'n eich deffro yn y nos nac yn eich rhwystro rhag gweithio yn y dydd.

Colera

Byddai hwn yn ymosod ar y gwddf. Roedd hwn yn cael ei ledu gan ddŵr brwnt neu fwyd wedi'i heintio.

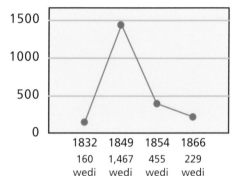

Y gyfradd farwolaeth o achos y colera ym Merthyr

1832	1849	1854	1866
160 wedi marw	1,467 wedi marw	455 wedi marw	229 wedi marw

Roedd Charlotte Guest, gwraig John Guest, perchennog Gwaith Haearn Dowlais, yn cadw dyddiadur. Ynddo cofnododd ddyfodiad colera i Ferthyr a Dowlais.

31 Mai 1849: Mae'r colera wedi ymosod yn ffyrnig ar Gaerdydd. Mae John wedi bod i gyfarfod ynglŷn â glanhau'r dref. Bydd Dowlais yn cael ei gwyngalchu a'i glanhau gymaint ag y mae modd. Mae'r doctoriaid wedi trefnu ymweliadau o dŷ i dŷ i weld a oes arwyddion cynnar o'r clwy.

9 Mehefin: Mae'r colera'n dal yn ffyrnig. Yn raddol mae wedi cyrraedd Gellifaelog, yn union ar draws yr afon o Ddowlais.

11 Mehefin: Llythyr gan Dr White yn cofnodi'r achos cyntaf o'r colera yn Nowlais. Mae pobl wedi dychryn cymaint fel bod llawer yn dychmygu arwyddion nad ydynt yno. Bydd y doctoriaid wedi ymlâdd cyn i'r colera gael ei draed dano.

22 Mehefin: Y colera yn waeth yn Nowlais – 13 yn marw bob dydd. Rwyf wedi anfon i ofyn am ragor o help.

31 Gorffennaf: Mae'r plant a minnau wedi gadael am y wlad. Mae'r colera yn Nowlais mor wael – 20 neu ragor yn marw bob dydd – wyth o ddynion yn cael eu cyflogi'n ddi-baid i wneud eirch.

'Baby Graves', cartŵn gan J. M. Staniforth yn y Western Mail, *yn dangos effaith colera.*

TASG

Roedd plant yn marw am lawer o resymau. Anwybodaeth oedd wrth wraidd rhai o'r rhesymau (doedd y rhieni ddim yn gwybod yn wahanol ar y pryd). Roedd rhai'n marw oherwydd nad oedd ateb i'r broblem ar y pryd (doedden nhw ddim yn deall bryd hynny sut i osgoi rhai problemau), ond roedd rhai'n marw er y byddai wedi bod yn bosibl gwneud rhywbeth. Edrychwch ar y rhestr hon o resymau dros farwolaeth plant, a'u dosbarthu'n dri grŵp – anwybodaeth, dim ateb, posibl eu rhwystro.

Rhesymau dros farw:
Wedi ymlâdd ar ôl gweithio oriau hir
Gorddos o Syryp Pabi
Colera
Yfed dŵr wedi'i lygru
Damwain mewn melin rolio
Y babi'n bwyta'r un bwyd â'i rieni
Teiffoid
Gweithio mewn amodau llaith a thywyll o oedran ifanc iawn

Meddyliwch!
Pa gyfreithiau fyddai wedi bod yn bosibl i helpu i leihau'r nifer o blant a phobl ifanc a oedd yn marw?

Yn y 1840au roedd pethau'n dechrau newid:

Deddf Mwyngloddiau 1842.
Dim plentyn dan 10 oed i weithio mewn mwyngloddiau. Pwy fyddai wedi cefnogi'r ddeddf hon? Pwy fyddai yn ei herbyn?

Deddf Deg Awr 1847.
Pobl dan 18 oed i beidio â gweithio mwy na deg awr y dydd.

Deddf Iechyd Cyhoeddus 1848.
Cafodd cynghorau tref bwerau i ddarparu dŵr ffres ac i adeiladu carthffosydd.

Trobwynt?

Newidiodd Cymru lawer iawn yn hanner cyntaf y bedwaredd ganrif ar bymtheg ac o ganlyniad newidiodd bywydau llawer o'r bobl oedd yn byw yno hefyd.

Rydym wedi edrych ar y cyfnod hwn trwy brofiad dychmygol Daniel Jenkins ac aelodau o'i deulu.

Meddyliwch!

Ewch yn ôl i ddechrau'r bennod, a meddyliwch beth oedd y prif drobwyntiau ym mywyd Daniel. Dewiswch bedwar neu bump.

Nawr, cymharwch fywyd Daniel ym Merthyr â'i fywyd yn Amlwch.

Efallai y byddai llawer o'r newidiadau hyn yn rhai da, ond efallai y byddai rhai wedi gwneud ei fywyd yn waeth.

Pobl ddychmygol oedd Daniel a'r teulu Jenkins, ond cafodd miloedd o bobl yng Nghymru brofiadau tebyg i'r rhain yn ystod y cyfnod hwn. Dyna pam mae llawer o bobl yn credu bod y cyfnod hwn yn drobwynt yn hanes Cymru. Ydych chi'n cytuno?

TASG

Erbyn 1850, byddai Daniel dros 50 oed. Rydych wedi cyrraedd tudalen olaf hanes bywyd y teulu Jenkins yn awr. Llenwch y tudalen olaf drwy ysgrifennu atebion i'r cwestiynau hyn.

- Beth oedd y newidiadau mwyaf roedd Daniel wedi eu gweld ers ei ddyddiau cynnar yn Amlwch?

- Beth oedd y newidiadau gorau yn ystod ei fywyd?

- Ym mha ffyrdd roedd pethau'n waeth iddo yn 1850 nag yn 1800?

- Pa newid effeithiodd fwyaf ar ei fywyd?

- Beth oedd y trobwynt mwyaf yn ei fywyd?

bocs llun

2.3 A oedd y Cymry'n rhai hoff o godi twrw yn y bedwaredd ganrif ar bymtheg?

*Protestwyr yn Hirwaun,
ger Merthyr, yn 1831.*

*Terfysgwyr Beca
ger tollborth yn
Efailwen, 1842.*

Edrychwch ar y tri darlun enwog hyn o
ddigwyddiadau yng Nghymru yn y 1830au a'r
1840au. Efallai eich bod wedi eu gweld o'r blaen.

Yn un o'r lluniau mae pobl yn trochi baner
wen yng ngwaed llo marw. Mewn llun arall
maent yn chwalu clwydi. Ac yn y trydydd
mae milwyr yn ymosod ar bobl.

Meddyliwch!
Pa argraff mae'r lluniau'n ei rhoi o Gymru
ac o'r Cymry ar y pryd?

Yn y bennod hon byddwn yn ceisio ateb
y cwestiynau canlynol.

* Beth oedd yn gwneud i bobl ymddwyn
fel hyn?
* A oedd y bobl hyn yn rhai a fyddai'n
hoff o godi twrw?
* A wnaeth ymddygiad y bobl hyn helpu
i newid bywydau pawb yn y bedwaredd
ganrif ar bymtheg (19g.)?
* A wnaeth ymddygiad y bobl hyn helpu
i greu newidiadau sy'n effeithio ar ein
bywydau ni heddiw?

121

*Ymosodiad y Siartwyr ar
Westy'r Westgate, Casnewydd, 1839.*

Pa le sydd gan ddigwyddiadau yn y bedwaredd ganrif ar bymtheg yn fy mywyd i?

Yn aml iawn y dyddiau hyn byddwn yn gweld a chlywed pobl yn protestio am wahanol bethau. Bydd cip sydyn ar y papurau newydd dyddiol yn rhoi syniad ichi o'r gwahanol bynciau llosg sy'n gwneud i bobl ddod at ei gilydd i brotestio.

TASG

Dewch ag ychydig o bapurau newydd i'r ysgol, a chwiliwch am bob enghraifft o brotestiadau neu o bobl yn protestio. Torrwch nhw allan. Trefnwch collage a byddwch yn barod i egluro wrth y lleill yn y dosbarth beth rydych wedi ei ddarganfod. Cofiwch egluro beth sy'n digwydd, sut mae pobl yn protestio a pham.

Meddyliwch!
A allwch chi weld beth yw'r pwnc llosg y mae'r bobl hyn yn protestio yn ei gylch?

Mae pobl yn yr unfed ganrif ar hugain yn defnyddio gwahanol ffyrdd i ddangos eu bod yn anhapus. Weithiau byddant yn cysylltu â gwleidydd a allai eu helpu, neu'n ceisio cael cefnogaeth y cyhoedd trwy'r cyfryngau.

TASG

Mae llawer o ffyrdd y gallwn ni roi ein barn a lleisio ein pryderon. Ceisiwch feddwl am y gwahanol ffyrdd y mae pobl yn eu defnyddio i brotestio.

Bydd llenwi'r tabl hwn yn eich helpu:

Dull o brotestio	Manteision posibl	Enghraifft fodern
Llythyr at AS	Gall ef/hi siarad â phobl	Cynllun ffyrdd lleol

Heddiw, mae gan bobl ym mhob rhan o Gymru rywun a all wrando ar broblemau ac a all ein cynrychioli ar bob lefel.

Yn lleol:
cynghorwyr lleol

Cymru:
Aelodau o'r Cynulliad (AC)

Prydain:
Aelodau Seneddol (AS)

Ewrop:
Aelodau o Senedd Ewrop (ASE)

Mae'r holl gyrff hyn – cynghorau lleol, Cynulliad Cenedlaethol Cymru, y Senedd ar gyfer Prydain gyfan yn San Steffan, a Senedd Ewrop – yn cyfrannu at y ffordd y mae'r Gymru fodern yn cael ei llywodraethu. Bydd pobl yn penderfynu pwy ddylai eu cynrychioli mewn etholiadau rheolaidd. Mae'r etholiadau hyn yn chwarae rhan bwysig yn y broses o ffurfio dyfodol Cymru.

Meddyliwch!
A allwch chi enwi'r bobl sy'n cynrychioli eich ardal chi ar bob lefel?

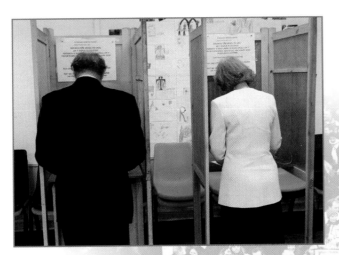

Pan fydd etholiad yng Nghymru, mae pawb sy'n byw yng Nghymru ac sydd dros 18 oed yn cael pleidleisio. Trwy wneud hyn byddant yn dylanwadu ar y ffordd y caiff eich bywyd chi a'ch gwlad chi eu llywodraethu. Bydd gwleidyddion yn ceisio eich cael i bleidleisio drostyn nhw, ac ar ddiwrnod yr etholiad byddwch yn rhoi eich dewis neu eich dewisiadau ar bapur pleidleisio ac yna'n rhoi'r papur yn y blwch pleidleisio.

A. Evans (Plaid W)	
C. Williams (Plaid X)	
E. Thomas (Plaid Y)	X
G. Jones (Plaid Z)	

Meddyliwch!
Ewch yn ôl i ddechrau'r bennod ac edrych ar y lluniau yno. Lluniau o brotestiadau ydyn i gyd. Trafodwch â'ch athro neu eich athrawes pa ddulliau modern o brotestio na allai'r bobl yn y lluniau eu defnyddio. Pam nad oeddent yn gallu defnyddio'r ffyrdd hynny o brotestio?

Meddyliwch!
A allwch chi feddwl am ffyrdd eraill o bleidleisio a fyddai'n bosibl heddiw?

Pam roedd llawer o bobl yn anhapus yn y 1830au a'r 1840au?

Roedd gan lawer o bobl ddigon o resymau i fod yn anfodlon â bywyd yn y bedwaredd ganrif ar bymtheg. Gallai'r rhain weithiau gyfuno i greu cymysgedd ffrwydrol.

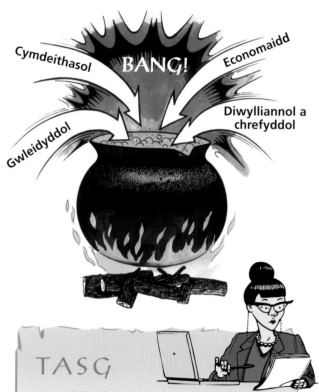

Cymdeithasol

BANG!

Economaidd

Gwleidyddol

Diwylliannol a chrefyddol

Geiriau allweddol

undebau llafur: gweithwyr yn uno er mwyn trafod cyflogau, oriau ac amodau gwaith

y degwm: treth a oedd yn cael ei thalu i Eglwys Loegr

tloty: adeilad lle byddai pobl dlawd iawn yn mynd i fyw a lle byddent yn gorfod gweithio

annibynnol: yn rhydd o reolaeth gwledydd eraill (yma, llywodraeth a brenin Prydain)

gweriniaeth: gwlad sy'n cael ei llywodraethu heb frenin na frenhines

Mae'r ddau dudalen hyn wedi eu cynllunio i'w defnyddio fel ymarfer dosbarthu cardiau. Gellir eu llungopïo a'u gwneud yn gardiau.

Roedd y llywodraeth yn cael ei rhedeg gan ddynion cyfoethog – perchenogion y tir, y ffatrïoedd, y pyllau glo a'r ffwrneisi haearn. Roedd y bobl gyffredin yn credu bod y llywodraeth yn anwybyddu problemau'r gweithwyr cyffredin.

Dechreuodd llawer o bobl yng Nghymru feddwl am hawliau a rhyddid o ganlyniad i'r chwyldro yn America. Yn 1783 gorchfygodd yr Americanwyr y Prydeinwyr a oedd yn eu llywodraethu. Daeth y wlad yn weriniaeth annibynnol, Unol Daleithiau America. Roedd eu Datganiad Annibyniaeth yn dweud y dylai pob dyn fod yn rhydd a chyfartal. Ymledodd syniadau o America i Gymru a dechreuodd y Radicaliaid a oedd yn erbyn llywodraeth Prydain ymgyrchu dros ragor o hawliau a bywyd mwy cyfartal.

TASG

Ar y tri thudalen nesaf, gwelwch lawer o achosion yr aflonyddwch yng Nghymru. Rhowch y rhesymau hyn mewn dosbarthiadau (bydd rhai yn perthyn i fwy nag un dosbarth, felly bydd angen ichi ddewis un).

Gwleidyddol:
yn ymwneud â hawliau a rhyddid

Cymdeithasol:
yn ymwneud ag amodau byw

Economaidd:
yn ymwneud â gwaith, cyflogau a phrisiau

Diwylliannol a chrefyddol:
yn ymwneud â chredoau a moesau pobl

Trafodwch eich darganfyddiadau â'ch athro/athrawes.

Ymledodd syniadau Chwyldro Ffrengig 1793 i Gymru. Yn 1793 taflodd pobl gyffredin Ffrainc y Brenin oddi ar ei orsedd a dechrau cael gwared ar y tirfeddianwyr cyfoethog drwy eu dienyddio â'r gilotîn. Roedd syniadau chwyldroadwyr Ffrainc, 'Rhyddid, cydraddoldeb a brawdgarwch' yn boblogaidd ymhlith llawer o bobl yng Nghymru.

Gair allweddol

Radicaliaid: pobl a ymgyrchodd dros gael newidiadau.

Byddai Radicaliaid, a oedd yn anghytuno â'r llywodraeth, yn gwerthu papurau newydd ac yn argraffu pamffledi yn dweud wrth bobl am sefyll dros well amodau. Yng Nghymru aeth syniadau radicalaidd ar led fel tân gwyllt. Ond, rhwng 1797 a 1815, roedd rhyfel rhwng Prydain a Ffrainc chwyldroadol, dan Napoleon Bonaparte. Roedd y rhain yn flynydd-oedd anodd i'r Radicaliaid: cafodd eu pamffledi eu gwahardd, a gallai siarad yn erbyn y llywodraeth olygu carchar. Ni fu'r Radicaliaid yn amlwg iawn eto nes daeth y rhyfel i ben yn 1815. Yna, aethant ati eto i ymgyrchu dros fwy o gydraddoldeb yn y drefn bleidleisio.

Aeth David Williams, Cymro Radicalaidd o Gaerffili, i Baris a chafodd ei wneud yn ddinesydd Gweriniaeth Ffrainc er anrhydedd. Roedd ym Mharis pan gafodd Brenin Ffrainc, Louis XVI, ei roi ar brawf a'i ddienyddio.

Gwnaeth undebau llafur i bobl feddwl mwy am sut y gallai eu bywydau fel gweithwyr fod yn well petai ganddynt ragor o hawliau. Yn ystod y rhyfel yn erbyn Ffrainc (1797–1815), roedd y llywodraeth yn poeni y gallai gweithwyr Prydain ddechrau chwyldro. Oherwydd hynny, cafodd ei gwneud yn anghyfreithlon i weithwyr ym Mhrydain ymuno ag undebau llafur.

Weithiau doedd y cyflogwyr ddim yn gallu gwerthu eu nwyddau. Pan fyddai hynny'n digwydd, byddent yn diswyddo gweithwyr neu'n lleihau eu cyflogau.

Byddai'n rhaid i hen bobl, gweddwon, plant amddifad, pobl anabl a'r di-waith fynd i fyw mewn tlotai. Roedd y rhain yn adeiladau mawr, dienaid a oedd yn edrych fel carchardai. Byddai teuluoedd yn cael eu gwahanu.

Byddai rhai meistri haearn yn talu eu gweithwyr â thocynnau yn hytrach nag arian. Byddai'n rhaid i'r gweithwyr ddefnyddio'r tocynnau yn siop y meistr haearn. Roedd y 'gyfundrefn drwco' hon yn annheg gan fod y prisiau'n uwch yn y siopau trwco neu siopau'r cwmni.

Petai gweithiwr yn mynd i ddyled yn siop y cwmni, byddai llys y dyledwyr yn cipio eiddo'r teulu i dalu'r arian yn ôl.

Roedd talu'r degwm yn amhoblogaidd iawn yng Nghymru, yn enwedig gan fod nifer fawr o bobl yn mynd i'r capel (yn hytrach nag i'r eglwysi a oedd yn eiddo i Eglwys Loegr).

Mewn rhai capeli yng Nghymru, byddai'r gweinidogion yn cefnogi'r Radicaliaid ac yn annog protestio.

Roedd llawer iawn o yfed alcohol. Byddai dynion yn aml yn yfed er mwyn anghofio am eu bywydau diflas. Byddai gweithio yng ngwres y ffwrneisi haearn a'r pyllau glo yn eu gwneud yn fwy sychedig!

Ni fyddai'r perchenogion yn rhoi sylw i ddiogelwch yn y gwaith. Nid oedd giardiau ar beiriannau mewn ffatrïoedd ac roedd ffwrneisi'n eithafol o boeth. Byddai glowyr o dan ddaear yn wynebu peryglon oddi wrth gwymp creigiau, nwy'n ffrwydro a llifogydd. Byddai chwarelwyr yn gweithio ar glogwyni uchel a serth. Byddai damweiniau'n digwydd yn aml, ac yn aml byddent yn farwol.

Roedd yn ddigon cyffredin gorfod cyrraedd y gwaith erbyn 5 a.m. a gweithio tan 6 p.m. Teimlai gweithwyr fod yn rhaid iddynt weithio'n galed am arian bychan iawn.

Roedd tai'r gweithwyr yn orlawn, yn afiach a doedd dim cyfleusterau sylfaenol ynddynt fel dŵr glân a charthffosiaeth.

Roedd cyflogau'r rhan fwyaf o swyddi yn fychan iawn a byddai'n rhaid i lawer o weithwyr fyw mewn tai y byddent yn eu rhentu gan eu cyflogwyr.

Nid oedd gan y gweithwyr hawl i bleidleisio. Doedd ganddyn nhw ddim aelodau seneddol a fyddai'n cymryd eu hochr a doedd ganddyn nhw ddim ffordd gyfreithiol o brotestio yn erbyn cael eu trin yn annheg. Gan nad oedd ganddynt ffordd arall o brotestio, troi at weithredu treisgar wnaethant.

TASG

Edrychwch eto ar y pethau hyn a oedd yn gwneud pobl yn anhapus. Gyda phartner, trafodwch y tri pheth a fyddai'n achosi fwyaf o aflonyddwch.

Pam roedd gweithwyr yn credu y byddai cael pleidlais yn gwella eu bywydau?

Beth oedd yn bod â'r drefn bleidleisio yn gynnar yn y bedwaredd ganrif ar bymtheg?

Nid oedd gweithwyr yng Nghymru yn cael pleidleisio ar ddechrau'r bedwaredd ganrif ar bymtheg. Dim ond pobl gyfoethog a ffermwyr-denantiaid cefnog oedd yn cael pleidleisio. Ac hyd yn oed i bobl a oedd yn cael pleidleisio, nid oedd yn hawdd pleidleisio bob amser dros y person yr oeddent yn ei gefnogi.

Edrychwch ar y cartŵn a darllenwch y tair ffynhonnell, A, B ac C sy'n dilyn.

Ffynhonnell A
Llythyr at AS, yn egluro cost etholiad:

Cyfanswm y nifer a bleidleisiodd drosoch oedd 641. Trefnodd yr Arglwydd Mansel i dalu i 216 o ddynion, Dug Beaufort i 125 o ddynion a'r Arglwydd Windsor i 300 o ddynion. Cyfanswm cost prynu'r pleidleisiau hyn oedd £2,500 a oedd yn gost o £3.18s y dyn.

Ffynhonnell B

Hanesydd modern, John Simkin, yn ei lyfr *Wales in Industrial Britain*:

Roedd llwgrwobrwyo pleidleiswyr yn ddrud iawn. Yn 1796 gwariodd John George Phillips £64,000 ar geisio ennill sedd sir Gaerfyrddin. Yn 1802, ceisiodd William Paxton, banciwr o Lundain, gael ei wneud yn AS dros Gaerfyrddin. I'w helpu i ennill y sedd, rhoddodd docyn i bobl a bleidleisiodd drosto i'w gyfnewid am ddiodydd yn y tafarnau lleol; roedd y bil yn gyfanswm o dros £15,000. Byddai tirfeddiannwr efallai'n rhybuddio ei denantiaid y byddent yn cael eu troi allan pe na fyddent yn pleidleisio dros ei ymgeisydd ef. Byddai rhai tirfeddianwyr yn bygwth trefnu boicotio busnesau siopwyr, cyfreithwyr a meddygon pe na fyddent yn pleidleisio mewn ffordd arbennig.

Geiriau allweddol

pleidlais gudd: pleidleisio ar bapur fel nad yw pobl eraill yn gwybod sut rydych wedi pleidleisio

troi allan: taflu tenant allan o dŷ neu fferm

boicotio: gwrthod gwneud dim byd â rhywun oherwydd beth mae'n ei gredu neu'n ei wneud

bwrdeistref: tref yn y 19g. a oedd â'r hawl i anfon ASau i'r Senedd

Ffynhonnell C

- Roedd gan Gymru 27 o Aelodau Seneddol yn 1800.
- Dim ond dynion cyfoethog a oedd yn cael bod yn Aelodau Seneddol.
- Nid oedd Aelodau Seneddol yn cael cyflog.
- Byddai Aelodau Seneddol yn cynrychioli bwrdeistrefi neu siroedd. Roedd llawer o fwrdeistrefi yn gyn drefi yr oedd eu poblogaeth wedi lleihau. Dim ond pentrefi bychan iawn oedd rhai.
- Nid oedd Aelodau Seneddol o gwbl gan lawer o drefi neu ddinasoedd diwydiannol mawr.
- Dim ond tua 15 y cant o ddynion a gâi bleidleisio (a dim merched).
- Nid oedd pleidlais gudd – roedd pobl yn pleidleisio'n agored ac yn gyhoeddus, ac felly byddai pleidleiswyr eraill yn gwybod yn union sut roedd pobl wedi pleidleisio.

128

TASG

1 Sut mae'r gwybodaeth yn ffynonellau A a B yn cefnogi beth welwch chi yn y cartŵn?

2 a) Sut mae'r ffynonellau yn helpu i egluro pam roedd angen cael pleidlais gudd?

b) Pam roedd rhai pobl yn meddwl y dylai Aelodau Seneddol gael eu talu?

c) Ar y pryd, roedd pobl yn meddwl bod y Radicaliaid yn chwyldroadol iawn yn mynnu cydraddoldeb i bob dyn. A fyddem yn cefnogi eu syniad nhw o gydraddoldeb heddiw?

3 Sut mae etholiadau heddiw'n wahanol i'r hyn a welwch yn y ffynonellau? Lluniwch dabl i ateb y cwestiwn hwn.

	1830	Heddiw
Pwy sy'n pleidleisio		
Pwy a allai fod yn Aelodau Seneddol		
Ffordd o bleidleisio		
Perswadio pobl i bleidleisio dros ymgeisydd arbennig		
Nifer yr Aelodau Seneddol		
Cyflogau Aelodau Seneddol		

Fflachbwyntiau protest

Roedd llawer o brotestiadau a helpodd i newid cymdeithas yng Nghymru yn y bedwaredd ganrif ar bymtheg. Cyn inni edrych ar y rhain, beth am greu 'micro-lyfr' i'w ddefnyddio i ysgrifennu gwybodaeth a gasglwn am y digwyddiadau a'r newidiadau hyn.

TASG

1 Gwnewch ficro-lyfr o 8 tudalen allan o un ddalen o bapur A3. Rhowch y penawdau hyn ar y tudalennau:

Clawr y micro-lyfr	1 Pam roedd pobl yn protestio	2 Gwrthryfel Merthyr	3 Terfysgoedd Beca
4 Siartiaeth	5a Gwahaniaethau crefyddol 5b Etholiad 1868	6 Y frwydr dros hawliau i weithwyr	7 A oedd y Cymry'n rhai hoff o godi twrw?

Dychmygwch eich bod yn ysgrifennu'r llyfr ar gyfer rhywun iau na chi. Mae'n bwysig eich bod yn gwneud y llyfr mor lliwgar a syml ag y gallwch, fel ei fod yn hawdd ei ddeall.

Teitl eich llyfr fydd **Protestiadau yn y Bedwaredd Ganrif ar Bymtheg**. Gan nad yw'r holl wybodaeth am y pwnc gennych chi eto, y dasg olaf fydd gwneud clawr addas ar gyfer tudalen cyntaf eich llyfr.

2 Gan ddefnyddio gwybodaeth sydd gennych eisoes o dudalennau 124–8, gorffennwch dudalen 1 eich llyfr o dan y pennawd '**Pam roedd pobl yn protestio**'. Defnyddiwch luniau yn ogystal â geiriau. Byddwn yn llenwi tudalennau 2–7 wrth inni fynd ymlaen, felly cadwch eich micro-lyfr yn ddiogel ac wrth law.

Rydym yn mynd i edrych ar rai o'r digwyddiadau a fu yng Nghymru o 1830 i 1868.

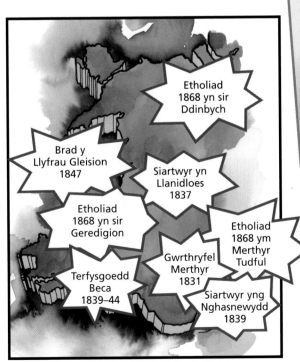

Etholiad 1868 yn sir Ddinbych

Brad y Llyfrau Gleision 1847

Siartwyr yn Llanidloes 1837

Etholiad 1868 yn sir Geredigion

Etholiad 1868 ym Merthyr Tudful

Gwrthryfel Merthyr 1831

Terfysgoedd Beca 1839–44

Siartwyr yng Nghasnewydd 1839

TASG

Edrychwch ar y digwyddiadau ar y map. Dyma adegau pan fu fflachbwyntiau mewn gwahanol rannau o Gymru yn ystod y bedwaredd ganrif ar bymtheg. Crëwch linell amser i ddangos trefn y digwyddiadau hyn.

Gwrthryfel Merthyr

Geiriau allweddol

Brawdlys: llys barn lle bydd barnwr yn gwrando ar achosion
gwrthryfel: ymladd yn erbyn brenin neu lywodraeth

30 Mai 1831:

Ymgasglodd hyd at 10,000 o weithwyr diwydiannol mewn protest ar y Waun, bryn ger Merthyr Tudful. Roeddent yn ddig. Pam?

- Yn 1830 gostyngodd meistri haearn ym Merthyr gyflogau'r gweithwyr oherwydd bod llai o werthu ar haearn nag roeddent wedi ei ddisgwyl.

- Yn 1830 roedd ymgyrch fawr ym Merthyr i gael gwared ar y gyfundrefn drwco (gweler tudalen 125).

- Roedd llawer o bobl mewn dyled, ac roedd llys y dyledwyr wedi cipio peth o'u heiddo.

- Yn Ebrill 1831 bu ymgyrch ledled Prydain i newid y gyfraith a gwneud y drefn bleidleisio'n decach. Cafodd un o arweinwyr Radicalaidd Merthyr, Thomas Llewellyn, ei arestio. Cafodd ei ryddhau ar ôl i 3,000 o bobl amgylchynu'r carchar.

- Ym Mai 1831 gostyngodd y meistri haearn y cyflogau eto.

2 Mehefin:

Ymosododd tyrfa fawr ar dŷ Joseph Coffin, llywydd y Brawdlys lleol. Cawsant afael ar gofnodion y llys a'u llosgi yn y stryd. Aethant i mewn i'w dŷ, llusgo'r holl ddodrefn allan, a'u llosgi nhw hefyd.

Yn ddiweddarach y diwrnod hwnnw, aeth J. B. Bruce, yr Ustus Heddwch lleol, i Westy'r Castell a'i feddiannu. Creodd ef 70 o gwnstabliaid newydd ac anfonodd am ragor o gymorth.

Meddyliwch!

Pam yn eich barn chi yr ymosododd y dyrfa ar dŷ Coffin? Pam roedd y protestwyr yn awyddus i ddinistrio'r cofnodion? Pam gwnaethon nhw losgi dodrefn Coffin?

3 Mehefin:

Cyrhaeddodd milwyr o'r 93rd Highlanders Westy'r Castell. Oriau yn ddiweddarach, a gynnau a bidogau yn eu dwylo, roeddent yn wynebu tyrfa ddig o 10,000 o weithwyr.

Pan waeddodd Lewis Lewis, un o'r gweithwyr, 'I ffwrdd â'u gynnau!', rhuthrodd y dyrfa ymlaen. Yn y frwydr a ddilynodd cafodd 16 o filwyr eu hanafu a bu farw 24 o brotestwyr.

Gwesty'r Castell yng nghanol Merthyr Tudful yn yr 1830au.

Gair allweddol

alltudiaeth:
cosbi troseddwyr trwy eu hanfon i wneud llafur caled yn America neu Awstralia

Darllenwch y dyfyniadau byr hyn am ddigwyddiadau 3 Mehefin:

'Llwyddodd y nifer fechan o Highlanders dewr i wneud i'r terfysgwyr ffoi. Cafodd Uwchgapten Falls ei anafu'n ddifrifol yn ei ben, ac roedd yn waed drosto. . .'

'Roedd merched yn chwilio ym mhobman am eu gwŷr, gan sgrechian mewn braw. Roedd mam yn cario corff ei mab marw yn ei breichiau. Gwrthododd y milwyr adael i unrhyw un arall o'r bobl a gafodd eu lladd a'u hanafu gael eu symud.'

Meddyliwch!

Mae'r ddau adroddiad hyn yn rhoi safbwyntiau gwahanol am y milwyr. Pam?
Pa adroddiad gafodd ei ysgrifennu gan William Crawshay, un o'r meistri haearn? Pam?

6 Mehefin:

Roedd llu arfog o 450 o filwyr yn wynebu tyrfa arall o brotestwyr. Gan gofio marwolaethau 3 Mehefin, aeth y protestwyr yn ôl i'w cartrefi.

7–12 Mehefin:

Bu pobl Merthyr yn trin y bobl a gafodd eu hanafu ac yn claddu'r meirw. Bu milwyr yn chwilio'u cartrefi a chafodd 28 o bobl eu harestio.

13 Mehefin, treial Dic Penderyn:

Cafodd dau o'r rhai a gafodd eu harestio, Lewis Lewis a Richard Lewis (dan yr enw Dic Penderyn) eu cyhuddo o anafu milwr o'r enw Donald Black, gan fwriadu ei ladd. Cawsant eu dyfarnu yn euog a'u dedfrydu i farwolaeth. Ar ddilyn apêl, cafodd dedfryd Lewis Lewis ei newid i alltudiaeth, ond cafodd apêl Richard Lewis ei gwrthod.

13 Awst:

Roedd rhaid i Richard Lewis fynd, wedi'i warchod, o'i gell yng ngharchar Caerdydd i Heol y Santes Fair. Yno roedd crocbren wedi cael ei godi. Cafodd ef ei grogi.

Mae llawer yn credu bod Dic Penderyn wedi ei grogi ar gam. I lawer, daeth yn ferthyr i weithwyr Cymru.

Canlyniadau

Roedd un canlyniad da i Wrthryfel Merthyr. Cafodd y gyfundrefn drwco ei gwneud yn anghyfreithlon yn 1832. Roedd protestwyr Merthyr hefyd yn mynnu cael newid yn y drefn bleidleisio. Yn 1832 cafodd Deddf Diwygio'r Senedd ei phasio. Ond bychan oedd y cynnydd yn nifer y pleidleiswyr. Roedd hynny'n siom fawr i'r gweithwyr.

131

TASG

Rydych yn barod yn awr i ysgrifennu crynodeb am Wrthryfel Merthyr ar dudalen 2 eich micro-lyfr trwy ateb y cwestiynau hyn:

2 Gwrthryfel Merthyr

Beth oedd achosion y brotest?

Beth ddigwyddodd?

A newidiodd unrhyw beth o ganlyniad i Wrthryfel Merthyr?

Terfysgoedd Beca

Tollborth modern ar Bont Hafren dros Afon Hafren ger Cas-gwent yn sir Fynwy.

Gair allweddol

Anghydffurfwyr: Protestaniaid a wrthododd fod yn rhan o Eglwys Loegr ond roedd ganddynt eu capeli eu hunain, yn bennaf Methodistiaid, Annibynwyr, Presbyteriaid a Bedyddwyr.

ABERYSTWITH SOUTH GATES (CLEAR) ABERYSTWITH NORTH GATES.

Rate of Toll to be taken at this Gate.

For every Horse or other Beast drawing any Coach, Chariot, £-s-d
Berlin, Landau, Landaulet, Barouche, Chaise, Phaeton,
Vis-a-Vis, Calash, Curricle, Car, Chair, Gig, Hearse, Caravan
Litter, or any such like Carriage — 0-0-6
For every Horse or other Beast, except Asses drawing
any Waggon, Wain, Cart, or other such like Carriage — 0-0-4
For every Ass drawing any Cart, Carriage, or other Vehicle - 0-0-2
For every Horse or Mule, laden or unladen, and not drawing - 0-0-1½
For every Ass, laden or unladen and not drawing — 0-0-¼
For every Horse or other Animal employed in carrying, drawing,
or conveying any lime to be used for the purpose of manure — 0-0-2
For every drove of Oxen, Cows, or Neat Cattle, the sum of Ten Pence
per Score, and so in proportion for any greater or less number
For every drove of Calves, Hogs, Sheeps, or Lambs, the sum of Five
Pence per Score, and so in proportion for any greater or less number.

EXEMPTION FROM TOLLS

Horses or Carriages attending her Majesty, or any of the Royal Family, or
returning therefrom; Horses or Carriages employed for the repairs of any
Turnpike Roads, Highways, or Bridges; Horses or Carriages employed in
carrying Manure (save Lime) for improving Lands, or Ploughs, or implements of
Husbandry; Horses employed in Husbandry, going to or returning from Plough,
or to or from Pasture, or Watering place, or going to be or returning from being
Shoed, and Horses not going or returning on those occasions more than
two miles on the Turnpike Road, on which the exemption is claimed; Persons going
to, or returning from, their proper parochial Church or Chapel; Persons going to
or returning from, their usual place of religious worship tolerated by Law, on
Sundays, or on any day on which Devine Service is ordered to be Celebrated;
Inhabitants of any Parish or Township going to, or returning from attending the
Funeral of any Person who shall die or be buried in the Parish, Township, or Hamlet, in
which any Turnpike Road shall lie; any Rector, Vicar or Curate, on his parochial duty
within his Parish; Horses, Carts, or Waggons, conveying Vagrants sent by passes, or
any Prisoner sent by legal warrant; Horses or Carriages conveying the Mails;
Horses of any Officer or Soldier on march or duty; Horses or Carriages conveying
the Arms or Baggage of any such Soldiers or Officers, or returning therefrom or
any Sick, Wounded, or disabled Officers, [...] other public
Stores; Horses and Carriages us[...] or
Carriages carrying or con[...]
any Horse carrying a[...]
the occupation of [...]
[...]uce, and whi[...]
[...]d yard[...]

Cafodd cwmnïau tyrpeg eu sefydlu i gasglu tollau gan deithwyr. Byddai'r arian yn talu am atgyweirio a chynnal a chadw'r ffyrdd, ond roedd y tollau yn amhoblogaidd iawn. Roedd y tollau'n ddrud i ffermwyr lleol a oedd yn gorfod mynd drwy lawer o dollbyrth ar y ffordd i'r farchnad ac yn ôl.

Roedd cyflogau gweithwyr ffermydd yn wael ac roedd hyn, yn ogystal â blynyddoedd o gynaeafau gwael, yn gwneud i lawer boeni am fwydo eu teuluoedd.

Roedd rhenti ffermwyr-denantiaid yn uchel pryd hynny.

Beth oedd y problemau a oedd yn wynebu ffermwyr-denantiaid a llafurwyr fferm Cymru?

Roedd pamffledi radicalaidd yn boblogaidd, ac roeddent yn ennyn diddordeb mewn syniadau am gydraddoldeb a rhyddid.

Roedd pobl yn ofni deddfau'r tlodion. Os oedd arnoch eisiau help, roedd rhaid ichi fynd i dloty, a doedd y driniaeth yno fawr gwell nag mewn carchar. Daeth y tloty yng Nghaerfyrddin yn un o brif dargedau'r terfysgwyr.

Roedd y capeli Anghydffurfiol yn gryf yng ngorllewin Cymru a byddai llawer o ffermwyr a gweithwyr ffermydd yn mynd i'r capeli ac nid i wasanaethau Eglwys Loegr. Ond roedd rhaid iddynt dalu'r degwm (treth i'r Eglwys) yr un fath. Roedd hynny'n eu gwneud yn ddig. Byddai llawer o'r farn bod Eglwys Loegr yn cefnogi tirfeddianwyr Seisnig a oedd yn berchen ar y rhan fwyaf o'r tir. Byddai gweinidogion y capeli yn aml yn eu hannog i gymryd camau i wella eu bywydau.

Y terfysgoedd

Pan aeth perchennog cwmni tyrpeg yng Nghaerfyrddin, Thomas Bullin, ati i godi prisiau yn ei dollbyrth, ymatebodd ffermwyr â dicter a thrais, a dinistrio tollbyrth yn sir Gaerfyrddin.

Roedd y tollbyrth yn darged hawdd i ffermwyr a oedd yn protestio rhwng 1839 a 1843. Daeth eu chwalu yn ffordd o ddangos pa mor ddig yr oeddent ynghylch llawer o bethau.

Galwodd yr arweinydd ei hun yn 'Rebecca'. Byddai'n marchogaeth ar geffyl gwyn ac yn galw'r dyrfa ddig i ymosod yn hwyr y nos. Â'u ffaglau'n llosgi a bloeddiadau o ddicter byddent yn ymosod ar dollbyrth yr ardal.

Ni lwyddodd yr awdurdodau erioed i rwystro'r ymosodiadau, er iddynt gynnig arian mawr yn wobr am ddal unrhyw derfysgwyr. Roedd hyd yn oed y milwyr a gafodd eu hanfon i'r ardal yn ei chael yn anodd dal y terfysgwyr.

Parodd y terfysgoedd o 1839 hyd 1843. Yn 1843, cafodd ceidwad tollborth yn yr Hendy, ger Pontarddulais, ei ladd mewn ymosodiad. Cafodd dau ddyn eu harestio, eu rhoi ar brawf, a'u halltudio am eu rhan yn y terfysg.

Daeth yr ymosodiadau ar y tollbyrth i ben. Yr un pryd, gorchmynnodd y llywodraeth leihau'r nifer o dollbyrth a dywedodd fod rhaid i bob tollborth ddefnyddio'r un prisiau, a rhoi gostyngiad i gerbydau fferm. I raddau, roedd y terfysgwyr wedi ennill y ddadl, ond roedd rhai o'r problemau'n parhau.

Meddyliwch!

Edrychwch ar y cartŵn enwog hwn o'r terfysgwyr sydd ar d. 121. Beth mae'r cartŵn yn ei ddweud wrthych am

- achosion y terfysgoedd
- beth roedd y terfysgwyr yn ei wisgo
- beth ddigwyddodd yn ystod y terfysgoedd.
- Pa mor ddibynadwy yw'r cartŵn?

A LETTER.
"To the Public generally, and to our Neighbours in particular.

"WE, John Hughes, David Jones, and John Hugh, now lying in Cardiff gaol, convicted of the attack on Pontardulais turnpike gate, and the police stationed there to protect it—being now sentenced to transportation, beg, and earnestly call on others to take warning by our fate, and to stop in their mad course, before they fall into our condemnation.

"We are guilty, and doomed to suffer, while hundreds have escaped. Let them, and every one, take care not to be deluded again to attack public or private property, and resist the power of the law, for it will overtake them with vengeance, and bring them down to destruction.

"We are only in prison now, but in a week or two shall be banished as rogues—to be slaves to strangers, in a strange land. We must go, in the prime of life, from our dear homes, to live and labour with the worst of villains—looked upon as thieves.

"Friends—neighbours—all—but especially young men—keep from night meetings! Fear to do wrong, and dread the terrors of the judge.

"Think of what we must, and you may suffer, before you dare to do as we have done.

"If you will be peaceable, and live again like honest men, by the blessing of God, you may expect to prosper; and we, poor outcast wretches, may have to thank you for the mercy of the Crown—for on no other terms than your good conduct will any pity be shewn to us, or others, who may fall into our almost hopeless situation.

(Signed)

"Cardiff Gaol, Nov. 1st, 1843.   "The ✗ mark of JOHN HUGH.

"JOHN HUGHES,
"DAVID JONES,

"Witness, JOHN B. WOODS, Governor."

Pam roedden nhw'n gwisgo fel merched?

Mae haneswyr wedi trafod hyn yn aml. Mae'n debygol bod yr angen am guddwisg yn bwysig – roedd cosbau difrifol petaent yn cael eu dal. Mae'n bosibl hefyd iddynt gymryd yr enw o adnod am Rebecca yn y Beibl. Byddai'r adnod yn gyfarwydd i lawer o bobl.

TASG

1 Pam ymosododd y terfysgwyr ar dollbyrth?

2 Pam ymosodon nhw hefyd ar
   a) y tloty yng Nghaerfyrddin
   b) cartrefi ac eiddo landlordiaid
   c) cartrefi ac eiddo offeiriaid Eglwys Loegr?

3 Pam yn eich barn chi y cafodd y milwyr gymaint o drafferth i ddarganfod a dal arweinwyr 'merched Beca'?

4 O edrych ar achosion Terfysgoedd Beca, a allwch chi weld unrhyw debygrwydd rhwng achosion y brotest hon ac achosion Gwrthryfel Merthyr?

TASG

Gallwch yn awr fynd ati i ysgrifennu eich tudalen, '**Terfysgoedd Beca**', yn eich micro-lyfr (tudalen 3). Ydych chi'n credu mai hwliganiaid oedd y 'merched', neu a oedd ganddynt achos da?

Y Siartwyr

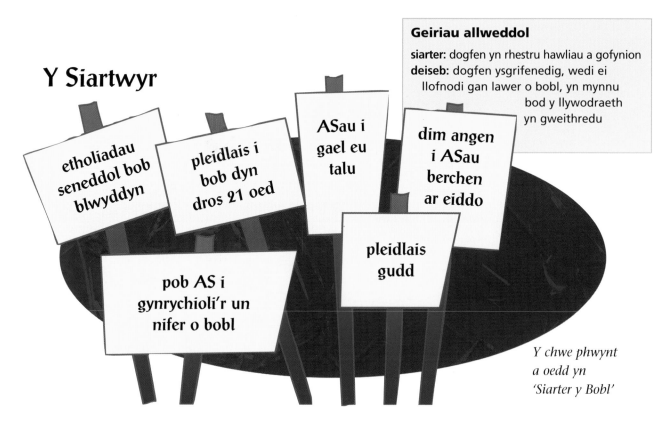

etholiadau seneddol bob blwyddyn

pleidlais i bob dyn dros 21 oed

ASau i gael eu talu

dim angen i ASau berchen ar eiddo

pleidlais gudd

pob AS i gynrychioli'r un nifer o bobl

Geiriau allweddol

siarter: dogfen yn rhestru hawliau a gofynion
deiseb: dogfen ysgrifenedig, wedi ei llofnodi gan lawer o bobl, yn mynnu bod y llywodraeth yn gweithredu

Y chwe phwynt a oedd yn 'Siarter y Bobl'

Lluniodd Cymdeithas y Gweithwyr siarter, yn cynnwys rhestr o chwech o newidiadau a fyddai yn eu barn nhw yn arwain at well bywyd i weithwyr. Buont yn annog pobl i ysgrifennu eu henwau ar ddeiseb yn cefnogi'r pwyntiau yn y siarter. Cafodd y ddeiseb ei galw yn 'Siarter y Bobl' a phan wrthododd y llywodraeth ei derbyn, penderfynodd rhai o'r Siartwyr fynd â'r protestiadau gam ymhellach.

Helyntion Canolbarth Cymru

Cafodd cyfarfod cyntaf y Siartwyr yn Y Drenewydd ei gynnal yn Ebrill 1837. Daeth pobl at ei gilydd i gwyno am ddeddf y tlodion. Roedd pobl yn ofni'r ddeddf hon a oedd yn gorfodi'r tlodion i fynd i'r tloty i chwilio am help. Cafodd y bobl eu hannerch gan un o arweinwyr y Siartwyr, dyn o Birmingham o'r enw Henry Hetherington. Roedd Hetherington wedi dod i gredu na fyddai protestiadau heddychlon yn llwyddo i ennill y Siarter. Dechreuodd gefnogi trais fel ffordd o orfodi'r llywodraeth i roi sylw o ddifrif i'r deisebau.

Cafodd arfau eu dosbarthu yn Llanidloes, ac ymosododd y Siartwyr ar rai o'r cwnstabliaid a oedd wedi eu hanfon o Lundain i gadw'r heddwch. Cafodd y cwnstabliaid eu curo gan dyrfa o weithwyr ifanc a merched.

Ar 3 Mai cyrhaeddodd milwyr y dref i adfer trefn. Dros yr wythnosau nesaf cafodd 32 o aelodau honedig o'r Siartwyr eu harestio.

Er nad oedd tystiolaeth bendant yn erbyn y bobl hyn, cafwyd pob un yn euog a chawsant eu dedfrydu i gyfnodau hir o garchar ac alltudiaeth. Roedd yr awdurdodau'n gobeithio eu bod wedi diffodd y brotest, ond roeddent yn anghywir iawn.

Gwrthryfel Casnewydd

Cafodd y dyddiad 3 Tachwedd ei ddewis yn ddiwrnod ymosod ar Gasnewydd! Y cynllun oedd cipio'r dref ac anfon arwydd allan i Siartwyr eraill ar draws Prydain i wneud yr un peth. Y gobaith oedd y byddai 20,000 yn ymosod ar Gasnewydd, ond yn y diwedd dim ond 5,000 o ddynion a ddaeth. Doedd y cenllif o law a ddaeth i lawr wrth iddynt orymdeithio ddim yn help. Daeth y Siartwyr at ei gilydd ger Stow Hill ar gyrion y dref ac aethant ymlaen i orymdeithio i mewn i'r dref a thuag at Westy'r Westgate.

Mae'r engrafiad hwn gan W. Taylor yn dangos Gwesty'r Westgate ar ôl yr ymosodiad. Pa dystiolaeth o'r ymosodiad a allwch ei gweld?

Roedd maer y dref, Thomas Phillips, wedi cael rhybudd o'r ymosodiad, ac wrth i'r dyrfa agosáu at y gwesty, ymddangosodd 30 o filwyr yn ffenestri'r Westgate. Taniodd y milwyr i ganol y dyrfa a doedd ganddynt fawr o ddewis ond ffoi am eu heinioes, gan adael cyrff marw a phobl wedi eu hanafu ym mhobman (gweler t. 21).

Dros y dyddiau nesaf, cafodd yr arweinwyr eu dal. Yn y llys, gwnaeth arweinwyr fel John Frost areithiau tanbaid yn galw am newid gwleidyddol. Ond, er gwaethaf apêl y barnwr am drugaredd, cafodd y rheithgor y dynion i gyd yn euog o deyrnfradwriaeth. Roedd y cyhuddiad hwn yn golygu dedfryd o farwolaeth.

Ar ôl apêl, newidiwyd y gosb yn alltudiaeth, a threuliodd John Frost y pymtheng mlynedd nesaf yn garcharor yn Tasmania. Dychwelodd yn y pen draw i Gymru, a chael ei groesawu'n arwr. Cafodd cerflun ei godi iddo yng Nghasnewydd ac mae yno hyd heddiw.

John Frost

135

TASG

1 Fel y gwelwch yn y llun gyferbyn, roedd gan y Siartwyr chwe phrif bwynt. Gwnewch dabl i ddangos beth oedd y pwyntiau hyn a pham roedd y Siartwyr yn meddwl bod eu hangen.

2 Mae pobl yn aml yn cyfeirio at y Siartwyr fel 'dynion o flaen eu hamser'. Beth yw ystyr hynny? Meddyliwch am bleidleisio ac am y Senedd heddiw.

3 Dychmygwch fod rhywun wedi gofyn ichi lunio 'Siarter y Bobl' i wella bywyd yng Nghymru heddiw. Mewn grwpiau o ddau neu dri lluniwch restr o bwyntiau a rhowch resymau pam rydych yn meddwl eu bod yn bwysig.

TASK

Erbyn hyn, rydych ar dudalen 4 eich micro-lyfr, 'Siartiaeth'. Eglurwch chwe phwynt y Siarter, beth wnaeth y Siartwyr, beth gafodd ei gyflawni ganddynt, a pham mae'n bwysig cofio'r Siartwyr.

Gwahaniaethau crefyddol

Yn ysgolion Cymru heddiw, rydym yn cael ein dysgu am wahanol grefyddau o amgylch y byd, ac mae'r pwyslais bob amser ar oddefgarwch a dealltwriaeth.

Yng Nghymru yn hanner cyntaf y bedwaredd ganrif ar bymtheg nid felly yr oedd hi. Roedd yr Eglwys Anglicanaidd (Eglwys Loegr) yn casglu'r degwm (treth i'r Eglwys) gan bawb, pa un a oeddent yn mynd i'r eglwys neu beidio. Doedd gan Anghydffurfwyr – Methodistiaid, Annibynwyr, Presbyteriaid a Bedyddwyr yn bennaf, nad oedd arnynt eisiau bod yn rhan o Eglwys Loegr – fawr ddim hawliau.

Erbyn 1851 roedd bron 70 y cant o'r bobl a oedd yn mynd i'r eglwys neu'r capel yng Nghymru yn Anghydffurfwyr.

Roedd Anghydffurfwyr hefyd yn erbyn anfon eu plant i ysgolion Eglwys Loegr lle gallai'r athrawon ddysgu credoau Anglicanaidd iddynt. Ysgolion Saesneg eu hiaith oedd y rhain ar y cyfan. O ganlyniad, gwnaeth yr Anghydffurfwyr ymdrech i godi eu hysgolion eu hunain a threfnu ysgolion Sul.

Uwchben, yr eglwys yng Nghaeriw, sir Benfro, a oedd yn berchen i'r Eglwys Loegr (nawr Eglwys yng Nghymru), ac, islaw, capel Anghydffurfiol, capel Mydroilyn, Ceredigion.

Brad y Llyfrau Gleision

Aeth y frwydr rhwng yr Anghydffurfwyr ac Eglwys Loegr yn fwy ffyrnig ar ôl 1847. Y prif reswm am hyn oedd adroddiad a gafodd ei gyhoeddi y flwyddyn honno am gyflwr addysg yng Nghymru.

Bu arolygwyr y llywodraeth yn holi tystion ac yn ymweld ag ysgolion ledled Cymru. Ond roedd 80 y cant o'r rhai y buont yn eu holi yn aelodau o Eglwys Loegr, a chafodd hynny ddylanwad mawr ar eu gwaith. Cafodd yr arolygiadau eu cynnal bron yn gyfan gwbl yn Saesneg.

Meddyliwch!
Pam roedd pobl yn meddwl bod yr arolygwyr efallai yn anheg?

136

Roedd yr adroddiad a gafodd ei gynhyrchu yn beirniadu addysg yng Nghymru. Ond roedd hefyd yn dweud bod moesau'r Cymry yn wael dros ben a'u bod yn anwybodus iawn. Dyma rai dyfyniadau gan bobl a roddodd eu barn i'r arolygwyr:

Ffynhonnell A

Mae moesau'r Cymry yn gwbl lwgr a direolaeth. Mae'r bobl gyffredin yn heidio fel anifeiliaid.

Ffynhonnell B

Mae tyngu anudon yn gyffredin mewn llysoedd barn, ac mae'r iaith Gymraeg yn gwneud hyn yn haws.

Ffynhonnell C

Mae'r dynion a'r merched, y rhai priod a sengl, yn byw yn yr un tŷ ac yn cysgu yn yr un ystafell. Nid yw'r dynion yn meddwl ddwywaith am ymolchi'n noeth o flaen y merched; nid yw'r merched yn poeni dim am newid eu dillad isaf o flaen y dynion.

Meddyliwch!

- Pam y byddai'r bobl a roddodd tystiolaeth i'r arolygwyr yn gwneud y sylwadau hyn?
- Sut fyddai llawer o'r Cymry yn teimlo am y sylwadau hyn? Pam?

Cafodd yr adroddiad hwn ei weld fel ymosodiad ar Gymru, a rhoddwyd yr enw 'Brad y Llyfrau Gleision' arno. Roedd gwaedd o brotest yng Nghymru wrth i'r Anghydffurfwyr ruthro i amddiffyn Cymru, moesau'r Cymry a'r iaith Gymraeg.

Cynyddu wnaeth y rhaniadau rhwng yr Anghydffurfwyr ac Eglwys Loegr. Cafodd y rhaniadau hynny effaith ar wleidyddiaeth. Roedd dwy brif blaid wleidyddol, sef y Blaid Ryddfrydol a'r Blaid Geidwadol (neu'r Torïaid). Y Torïaid oedd plaid y tirfeddianwyr. Roedd yr Anghydffurfwyr yn cefnogi'r Rhyddfrydwyr.

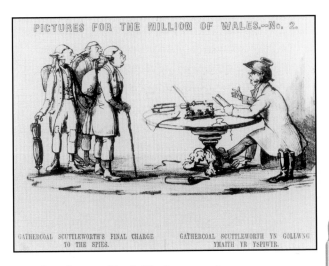

PICTURES FOR THE MILLION OF WALES.—No. 2.

GATHERCOAL SCUTTLEWORTH'S FINAL CHARGE TO THE SPIES.

GATHERCOAL SCUTTLEWORTH YN GOLLWNG YMAITH YR YSPIWYR.

Cartŵn gan Hugh Hughes ar gyfer cynulleidfa o Gymry. Mae'n dangos y comisiynwyr yn cael eu cyfarwyddo gan yr Ysgrifennydd i'r Pwyllgor ar Addysg, Syr James Kay-Shuttleworth.

137

TASG

Ar dudalen 5 eich micro-lyfr, o dan y pennawd **'Gwahaniaethau crefyddol'**, ysgrifennwch mewn hanner tudalen y rhesymau pam nad oedd yr Anghydffurfwyr yn hoffi Eglwys Loegr.

Etholiad 1868 a'r bleidlais gudd

Gair allweddol

Deddf: cyfraith sy'n cael ei phasio gan y Senedd

Deddf Ddiwygio 1867

Trwy gydol y bedwaredd ganrif ar bymtheg roedd ymgyrchoedd i gynyddu'r nifer o bobl a gâi bleidleisio mewn etholiadau. Yn 1867 bu newid mawr iawn. Cafodd nifer y pleidleiswyr yng Nghymru ei dyblu bron. Yn y 1860au cynnar, roedd 62,000 o bleidleiswyr yng Nghymru. Ar ôl 1867 roedd 121,000.

Cefndir

Cyn 1868 tirfeddianwyr cyfoethog oedd bron y cyfan o aelodau seneddol Cymru, ac roedd y rhan fwyaf yn Geidwadwyr (Torïaid), ond torrodd etholiad 1868 y patrwm wrth i Gymru anfon Rhyddfrydwyr i Dŷ'r Cyffredin. Roedd Cymru'n cael ei chynrychioli gan 21 o Ryddfrydwyr a dim ond 12 o Geidwadwyr.

Roedd y Rhyddfrydwyr yn cefnogi hawliau'r Anghydffurfwyr ac yn honni bod eu plaid nhw yn cynrychioli pobl gyffredin Cymru, nid y landlordiaid.

Merthyr

Bu buddugoliaeth fawr i'r Rhyddfrydwyr pan drechodd y gweinidog Anghydffurfiol, Henry Richard, dirfeddiannwr lleol.

Sir Ddinbych

Yn sir Ddinbych bu buddugoliaeth enwog i'r ymgeisydd Rhyddfrydol, George Osborne Morgan.

Y Torïaid yn taro'n ôl

Yn dilyn etholiad 1868 roedd llawer o dirfeddianwyr yn anhapus iawn ynghylch y ffordd roedd eu tenantiaid wedi pleidleisio. Roedd y pleidleisio'n agored bryd hynny, ac roedd yn hawdd i'r tirfeddiannwr weld o'r llwyfan pwy nad oedd wedi codi'i law i'w gefnogi. O ganlyniad i'r etholiad, cafodd llawer o ffermwyr-denantiaid eu troi allan o'u ffermydd. Yn 1868 cafodd 43 o ffermwyr eu troi allan o'u ffermydd yng Ngheredigion, 26 yn sir Gaerfyrddin, a chollodd 80 o weithwyr chwarel y Penrhyn eu gwaith.

Y bleidlais gudd

Beirniadodd Henry Richard a George Osborne Morgan y tirfeddianwyr yn y Senedd a gwnaethant arwain yr ymgyrch i wneud y bleidlais gudd yn ddeddf. Cawsant lwyddiant yn y diwedd yn 1872 pan gafodd Deddf y Bleidlais Gudd ei phasio. O hynny ymlaen, gallai pleidleiswyr ddefnyddio eu pleidlais heb ofni dial.

Roedd y flwyddyn 1868 yn drobwynt yn hanes Cymru. Roedd gan Gymru bellach bobl yn y Senedd a oedd mewn sefyllfa well i siarad dros bobl gyffredin Cymru a chyflwyno eu problemau i'r Senedd.

TASG

Ar ail hanner tudalen 5 yn eich micro-lyfr, **'Etholiad 1868'**, eglurwch sut newidiodd etholiad 1868 gwleidyddiaeth yng Nghymru. Pam roedd yr etholiad a'i chanlyniadau mor bwysig yn ein hanes?

Beth ddigwyddodd ar ôl 1868?

Cyfarfod protest o weithwyr ym Merthyr, 1875.

Ni wnaeth pethau wella dros nos i'r gweithwyr a'u teuluoedd ar ôl y newidiadau yn y drefn bleidleisio. Mynd ymlaen wnaeth y protestiadau am amodau gwaith yn arbennig. Daeth aflonyddwch diwydiannol yn rhan o fywyd Cymru yn ystod y 40 mlynedd nesaf, fwy neu lai, fel y gwelwn o'r rhestr o ddigwyddiadau isod ac ar y dudalen nesaf.

- **1871 a 1875**
  Anghydfodau hir a chwerw ym maes glo'r de

- **1874**
  Ffurfio Undeb Chwarelwyr Gogledd Cymru yng Nghaernarfon

- **1884**
  Pleidlais i bob dyn dros 21 oed

- **1885**
  Ethol arweinydd y glowyr, William Abraham ('Mabon') yn AS Rhyddfrydol dros y Rhondda

- **1887**
  'Rhyfel y Degwm' yn dechrau yng ngogledd-ddwyrain Cymru, pan wrthododd ffermwyr dalu'r degwm i'r Eglwys. Bu cythrwfl treisgar pan anfonodd y llywodraeth filwyr i sathru ar y protestiadau.

- **1893**
  290 o ddynion yn marw mewn trychineb pwll glo yng Nghilfynydd

- **1898**
  Ffurfio Ffederasiwn Glowyr De Cymru

- **1900**
  Streic gan aelodau Cymdeithas Gyfun Gweithwyr y Rheilffyrdd, Dyffryn Taf

STRIKE !
ON THE
Taff Vale Railway.

Men's Headquarters,
Cobourn Street,
Cathays.

There has been a strike on the Taff Vale Railway since Monday last. The Management are using every means to decoy men here who they employ for the purpose of black-legging the men on strike.

Drivers, Firemen, Guards, Brakesmen, and SIGNALMEN, are all out.

Are you willing to be known as a

Blackleg ?

If you accept employment on the Taff Vale, that is what you will be known by. On arriving at Cardiff, call at the above address, where you can get information and assistance.

RICHARD BELL,
General Secretary.

Poster yn hysbysebu streic adeg Streic Rheilffordd Dyffryn Taf yn 1900.

- **1900–3**

  Streic Chwarel y Penrhyn. Streic a barhaodd am dair blynedd gan chwarelwyr llechi yn erbyn gofynion perchennog y chwarel, yr Arglwydd Penrhyn. Dyma'r streic hiraf yn hanes Prydain

- **1900**

  Ethol Keir Hardie yn AS dros Ferthyr Tudful, yr AS cyntaf dros y Blaid Lafur Annibynnol a oedd yn ennill mwy a mwy o gefnogaeth gan weithwyr Cymru

- **1910–11**

  Terfysg yn Nhonypandy gan lowyr a oedd ar streic

- **1911**

  Streic rheilffyrdd yn Llanelli a dau ddyn yn cael eu saethu gan filwyr

- **1913**

  Trychineb pwll glo Senghenydd – lladd 419 o lowyr

Pwyllgor Amddiffyn y Streic dros streicwyr Penrhyn yn 1903. Mae'r ffotograff ffurfiol yma yn eu dangos yn eu dillad gorau.

TASG

1 O edrych ar y rhestr, beth yn eich barn chi roedd llawer o weithwyr yn meddwl am eu hamodau gwaith? Beth wnaethon nhw i drio eu gwella?

2 Dewiswch un o'r digwyddiadau a oedd agosaf at eich ysgol chi. Gan ddefnyddio eich sgiliau TG, chwiliwch am wybodaeth am y digwyddiad ac ysgrifennu ei hanes yn fyr:

   Beth oedd achosion y digwyddiad? Eglurwch yn fyr beth ddigwyddodd. A newidiodd unrhyw beth o ganlyniad i'r digwyddiad hwn? Os felly, beth?

   Cyflwynwch eich gwaith ar dair ochr o bapur A4 gyda lluniau ac esboniadau.

3 Ar dudalen 6 eich micro-lyfr, llenwch eich crynodeb dan y pennawd '**Y frwydr dros hawliau i weithwyr**'. Sut gwnaeth gweithwyr geisio gwella eu hamodau gwaith?

TROBWYNT

Gair allweddol

milwriaethus:
 yn benderfynol o
 weithio i fynnu newid

1868 –
Trobwynt yn hanes Cymru?

Ar ôl 1868 dechreuodd pobl Cymru gymryd mwy o ran mewn materion gwleidyddol pwysig. Buont hefyd yn brwydro dros amodau gwell a mwy o hawliau yn y gwaith. Yn aml arweiniodd aflonyddwch diwydiannol at streiciau, at ffurfio undebau llafur ac at wneud gweithwyr yn fwy milwriaethus. Erbyn 1914, arweiniodd anfodlonrwydd y gweithwyr â llawer o bethau at fwy a mwy o gefnogaeth i blaid wleidyddol newydd, y Blaid Lafur.

Ond roedd y mwyafrif o bobl Cymru'n dal i gefnogi'r Blaid Ryddfrydol yn 1914. Ni ddechreuodd y Blaid Lafur gryfhau trwy Brydain gyfan tan ar ôl y Rhyfel Byd Cyntaf (1914–18).

TASG

1 Rydych yn awr wedi cyrraedd tudalen olaf eich micro-lyfr. A allwch chi gofio teitl y tudalen hwn, **'A oedd y Cymry'n rhai hoff o godi twrw yn y bedwaredd ganrif ar bymtheg?'** Dyma eich cyfle chi i ysgrifennu eich barn. Defnyddiwch y tudalen olaf i ateb y cwestiwn.

2 Mae un peth ar ôl i'w wneud i orffen eich micro-lyfr, sef y clawr blaen. Lluniwch glawr sy'n cynrychioli'r stori rydych wedi ei hysgrifennu.

141

Glöwyr yn aros i fynd mewn i gyfarfod, Tonypandy, Tachwedd 1910, yn ystod streic Cambrian Combine.

2.4 Sut roedd Cymru'n newid ar ddechrau'r ugeinfed ganrif?

Caerdydd ar ddechrau'r ugeinfed ganrif

TASG

Edrychwch yn ofalus ar y pedwar ffotograff yma o Gaerdydd tua 1914. Ysgrifennwch bedwar peth rydych yn sylwi arnynt am Gaerdydd yr adeg honno, gan ddefnyddio'r wybodaeth rydych yn gallu ei gweld yn unig.

Rydych wedi gweld pedwar llun o Gaerdydd tua 1914. Nawr darllenwch y dyfyniad hwn a gafodd ei argraffu ym mhapur newydd y *Western Mail* ar 1 Ionawr 1914:

Mae'n ddiddorol edrych ar Gaerdydd dechrau'r 1870au o'i chymharu â Chaerdydd heddiw. Y mesur cyntaf a'r mesur gorau o'n cynnydd yw'r twf yn y boblogaeth. Heddiw, yn ôl yr amcangyfrif, mae 182,000 o bobl yn byw yn y ddinas; yn 1871, 47,500 oedd y boblogaeth. Mewn masnach, yn 1871 roeddem yn allforio 2,979,000 tunnell o lo; yn 1912, 10,102,700 tunnell. Mae cyflogau'n llawer iawn uwch nag oeddent yn y 1870au. Mae colegau ac ysgolion, llyfrgelloedd a pharciau, eglwysi a chapeli, telegraffau, teleffonau, a chyfleusterau postio, siopau, a chludiant o fewn y ddinas ac i bob rhan o'n gwlad a gwledydd eraill wedi ychwanegu at gysuron bywyd. Ni allent fod wedi breuddwydio am y fath gynnydd yn y 1870au.

TASG

1 Chwiliwch y darn am y newidiadau yng Nghaerdydd rhwng 1870 a 1914 a gwnewch restr ohonynt. Defnyddiwch y penawdau hyn: poblogaeth; allforion glo; cyfathrebu; cyfleusterau hamdden; addysg; teithio.

2 Edrychwch yn ôl ar y ffotograffau. Pa dystiolaeth i gefnogi'r pwyntiau yn y darn allwch chi ei ddarganfod?

Nid Caerdydd yn unig a welodd newid mawr yn y blynyddoedd rhwng 1870 a 1914; roeddent yn flynyddoedd o newid mawr i Gymru gyfan. Yn yr adran hon byddwn yn edrych ar bedwar o'r newidiadau mawr hyn. Gallem alw'r newidiadau hyn yn 'drobwyntiau' gan fod pob un mor bwysig fel ei fod yn ein helpu i ddeall agweddau ar ein Cymru ni heddiw.

1 Bu cynnydd o dros filiwn o bobl ym mhoblogaeth Cymru. Yn ne-ddwyrain Cymru y bu llawer iawn o'r cynnydd hwn. A dyma'r ardal fwyaf ei phoblogaeth yng Nghymru o hyd.

2 Roedd y rhan fwyaf o'r gweithwyr yn gweithio mewn diwydiannau trwm, fel pyllau glo, gweithfeydd dur, gweithfeydd tunplat, chwareli llechi, neu fel adeiladwyr a llafurwyr mewn dociau. Parhaodd y duedd hon tan y 1970au. Cafodd llawer o'r trefi y mae pobl yn byw ynddynt heddiw eu codi o gwmpas pyllau glo, gweithfeydd dur a dociau.

3 Bu newid mawr yn y pethau y byddai pobl yn eu gwneud yn eu hamser hamdden. Mae llawer o'r gweithgareddau hamdden hyn yn dal gyda ni heddiw, chwaraeon fel rygbi, mynd i'r sinema, a mynd i'r traeth.

4 Oherwydd y cynnydd yn y boblogaeth, yn arbennig yn y bobl a oedd yn siarad Saesneg, gostyngodd canran y bobl a oedd yn siarad Cymraeg i lai na 50 y cant erbyn 1914. Parhau a wnaeth y lleihad yn nifer y bobl a siaradai'r iaith am y rhan fwyaf o'r ugeinfed ganrif, ond bu cynnydd bychan tua'r diwedd. Roedd y rhan fwyaf o bobl yng Nghymru cyn 1914 yn dal i'w hystyried eu hunain yn Gymry, ac roedd Cymry Cymraeg a di-Gymraeg yn fwy ymwybodol o hanes Cymru ac o Gymreictod.

1. Y newid yn y boblogaeth

Rhwng 1871 a 1911 tyfodd poblogaeth Cymru dros 40 y cant. Cynyddodd o 1,412,883 i 2,420,921. Roedd dros filiwn yn fwy o bobl yn byw yng Nghymru ar ddiwedd y cyfnod hwn o 40 mlynedd.

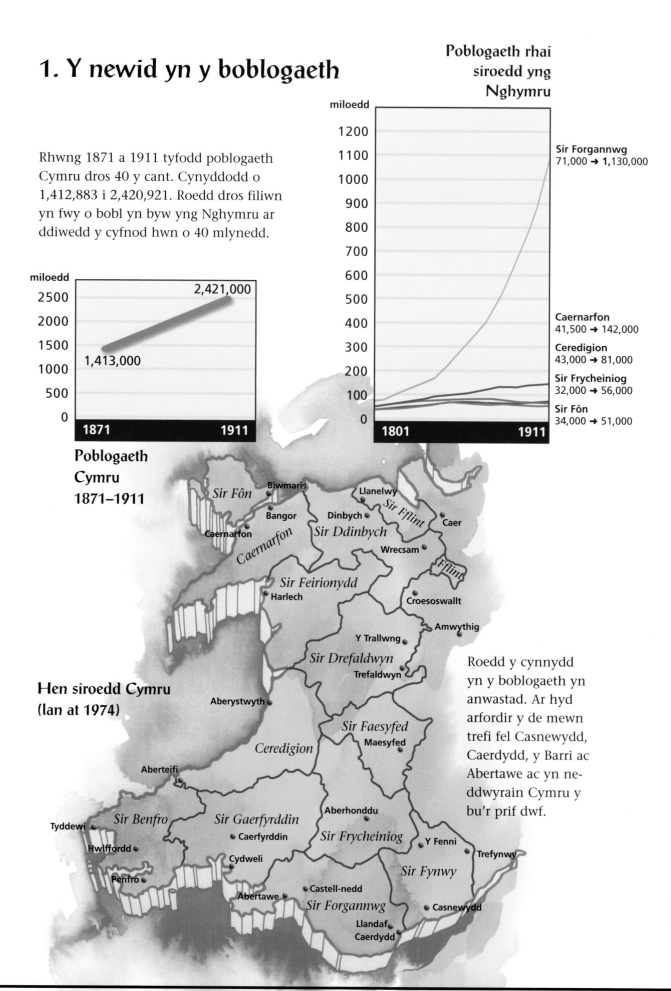

Poblogaeth rhai siroedd yng Nghymru

miloedd

1200
1100
1000
900
800
700
600
500
400
300
200
100
0

1801 — 1911

Sir Forgannwg 71,000 → 1,130,000

Caernarfon 41,500 → 142,000

Ceredigion 43,000 → 81,000

Sir Frycheiniog 32,000 → 56,000

Sir Fôn 34,000 → 51,000

miloedd

2500
2000
1500
1000
500
0

2,421,000

1,413,000

1871 — 1911

Poblogaeth Cymru 1871–1911

Hen siroedd Cymru (lan at 1974)

Sir Fôn — Biwmaris — Llanelwy
Bangor — Dinbych — Sir Fflint — Caer
Caernarfon — Sir Ddinbych
Caernarfon — Wrecsam
Fflint
Sir Feirionydd
Harlech — Croesoswallt
Amwythig
Y Trallwng
Sir Drefaldwyn
Trefaldwyn
Aberystwyth
Sir Faesyfed
Ceredigion — Maesyfed
Aberteifi
Sir Benfro — Sir Gaerfyrddin — Aberhonddu
Tyddewi — Caerfyrddin — Sir Frycheiniog — Y Fenni
Hwlffordd — Trefynwy
Penfro — Cydweli — Sir Fynwy
Castell-nedd
Abertawe — Sir Forgannwg — Casnewydd
Llandaf
Caerdydd

Roedd y cynnydd yn y boblogaeth yn anwastad. Ar hyd arfordir y de mewn trefi fel Casnewydd, Caerdydd, y Barri ac Abertawe ac yn ne-ddwyrain Cymru y bu'r prif dwf.

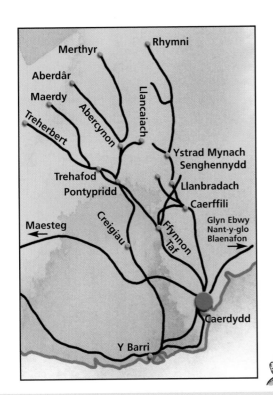

Geiriau allweddol

mewnfudwr: person sy'n symud i ardal o ardal arall neu o wlad arall

gwledig: yn perthyn i'r wlad

Os teithiwch i Gaerdydd ar y trên o leoedd fel Rhymni, Merthyr Tudful, Aberdâr, Maerdy, Treherbert, Pontypridd neu Faesteg, byddwch yn teithio ar y 'Valleys Lines' – rheilffyrdd y Cymoedd. Ymadrodd sy'n cael ei ddefnyddio i ddisgrifio rhan fawr o faes glo de Cymru yw 'y Cymoedd'. Dyma'r ardal lle tyfodd trefi a phentrefi, bron dros nos, rhwng 1870 a 1914, gyda thwf y diwydiant glo.

Datblygodd cymunedau â chymysgedd cyfoethog o bobl. Daeth mewnfudwyr i'r ardal o rannau eraill o Gymru – cefn gwlad gogledd Cymru (fel yr hen sir Gaernarfon), canolbarth Cymru (fel sir Frycheiniog), ac o gefn gwlad gorllewin Cymru (fel sir Geredigion). Daethant hefyd o siroedd yn Lloegr fel swydd Henffordd, swydd Gaerloyw a Gwlad yr Haf. Daeth llawer hefyd o Iwerddon ac o leoedd pellach i ffwrdd.

Erbyn 1901 roedd traean poblogaeth Cymru'n byw o fewn radiws 25 milltir i Gaerdydd. Erbyn 1911 roedd 55 y cant yn byw yn yr hen sir Forgannwg. Y prif reswm am y newid mawr hwn oedd twf y diwydiant glo, yn enwedig yng nghymoedd y Rhondda.

Hyd yn oed mor ddiweddar â 1841, roedd cymunedau amaethyddol tawel yng nghymoedd y Rhondda ac roedd y boblogaeth yn llai na 1,000.

Yn 1853, crewyd y pwll glo mawr cyntaf, ac o fewn tair blynedd roedd rheilffordd wedi'i hadeiladu i gludo'r glo. O hynny ymlaen, datblygodd llawer o byllau glo yn gyflym. O fewn 20 mlynedd tyfodd y boblogaeth yno i 24,000.

Daeth glo'r Rhondda'n enwog fel y glo stêm gorau yn y byd a chafodd ei allforio dros y byd o ddociau Caerdydd, Penarth a'r Barri. Erbyn 1914, roedd poblogaeth y Rhondda tua 153,000.

Cafodd y ffotograff hwn o Gwm Rhondda ei dynnu yn 1900. Mae'n dangos Pwll Glo'r Glamorgan yn Llwynypia yn ei anterth.

TASG

Edrychwch yn ôl ar y graff ar dudalen 144 sy'n dangos y twf ym mhoblogaeth Cymru yn y cyfnod 1871–1911. Mae hwn yn dangos cynnydd o filiwn yn y boblogaeth. Mae'r graff yn ddefnyddiol iawn gan ei fod yn rhoi syniad inni am raddfa enfawr y cynnydd yn y boblogaeth. Ond nid yw'n dweud yr hanes y tu ôl i'r twf yn y boblogaeth. Cychwynnodd y twf yn y boblogaeth adwaith cadwynol. Pan ddechreuodd pobl ddod i weithio yn y pyllau glo newydd, beth yr oedd arnynt ei angen? Meddyliwch am dai, gwasanaethau, amser hamdden, cludiant, ac yn y blaen. Gwnewch ddiagram corryn fel yr un isod, gan lenwi'r blychau â'r pethau yr oedd ar bobl eu hangen.

Dyma'r ardaloedd lle tyfodd y boblogaeth:

- de-ddwyrain Cymru, oherwydd y gweith-feydd glo, haearn, a dur yn ddiweddarach, ac oherwydd cludo glo i allforio, yn enwedig o borthladdoedd Caerdydd, Y Barri a Phenarth
- gogledd-ddwyrain Cymru, yn enwedig sir Ddinbych a sir y Fflint lle'r oedd diwydiannau glo a dur hefyd
- gogledd-orllewin Cymru, oherwydd y galw am lechi ar gyfer toi, lleoedd tân a siliau ffenestri.

Dyma'r ardaloedd lle bu lleihad yn y boblogaeth:

- Cefn gwlad gogledd, gorllewin a chanolbarth Cymru lle'r oedd amaethyddiaeth yn dal yn brif ffynhonnell gwaith – lleoedd fel Môn, sir Frycheiniog, Ceredigion neu sir Drefaldwyn. Byddai llawer o bobl a aned yn yr ardaloedd hyn yn treulio eu hoes y tu allan i'w siroedd genedigol.

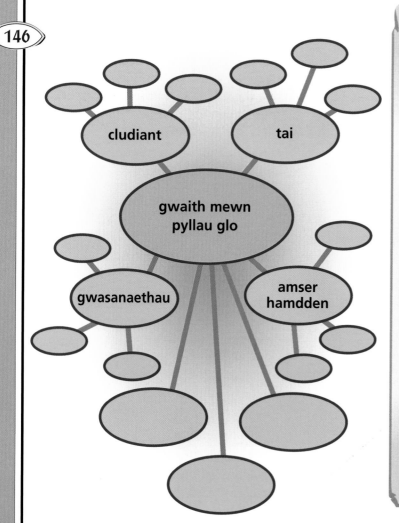

TASG

Edrychwch eto ar y graff o boblogaeth rhai siroedd yng Nghymru ar dudalen 144.

1 Pa fath o siroedd – gwledig neu ddiwydiannol – oedd siroedd Brycheiniog a Cheredigion erbyn tua 1911?

2 Yn 1871 roedd mwy o fenywod nag o wrywod yn byw yng Nghymru (706,535 o fenywod o gymharu â 706,048 o wrywod). Yn 1914 roedd 965 o fenywod i bob 1,000 o wrywod. A allwch chi feddwl am resymau pam digwyddodd y newid hwn?

3 Roedd gwahanol gymarebau gwrywod/ menywod mewn gwahanol siroedd yng Nghymru. Edrychwch ar y ffigurau isod a thrafodwch â phartner resymau posibl pam roedd cymaint o wahaniaeth rhwng Ceredigion a'r Rhondda yn 1891:

	Dynion	Merched
Y Rhondda	1,314	am bob 1,000 o ferched
Ceredigion	776	am bob 1,000 o ferched

Cymru y tu allan i Gymru

Gair allweddol

allfudo: symud i fyw
o un wlad i un arall

Yn ystod y bedwaredd ganrif ar bymtheg (19g.), gadawodd llawer o bobl Gymru i chwilio am waith a bywyd gwell, er mai ychydig o bobl a oedd yn allfudo erbyn 1900 oherwydd bod Cymru'n ffynnu. Yn 1900 roedd tua 265,000 o bobl a gafodd eu geni yng Nghymru yn byw yn Lloegr.

Roedd cymuned fawr o Gymry yn Llundain. Ers cyfnod y Tuduriaid bu'r Cymry'n heidio i Llundain fel prifddinas llywodraeth a lle i wneud arian. Erbyn diwedd y bedwaredd ganrif ar bymtheg roedd tua 35,500 o bobl a gafodd eu geni yng Nghymru yn Llundain, ddwywaith cymaint ag oedd yn 1851. Daeth y Cymry'n arbennig o adnabyddus am eu llaethdai a'u busnesau llaeth yn Llundain, ac yna am eu siopau dillad a defnyddiau niferus. Daeth enwau rhai o'u siopau yn adnabyddus iawn, fel Peter Jones yn Sloane Square, D. H. Evans yn Oxford Street, Dickens and Jones yn Regent Street.

Ymhlith ardaloedd eraill yn Lloegr lle'r ymgartrefodd Cymry roedd y Canolbarth, a Lerpwl yn arbennig. Roedd rhai pobl yn ystyried Lerpwl yn brifddinas gogledd Cymru.

Daeth Peter Jones i Lundain o Gaerfyrddin yn 1871 ac agor siop ddillad a defnyddiau. Yna agorodd ei siop fawr yn Sloane Square, Llundain. Erbyn 1890 roedd yn cyflogi 300 o bobl, y rhan fwyaf ohonynt o dde-orllewin Cymru.

Eglwys Gymraeg y Methodistiaid Calfinaidd yn Fitzclarence Street, Lerpwl, yn 1885.

Yn Unol Daleithiau America yr oedd y boblogaeth ddwysaf o Gymry dramor. Yn ôl amcangyfrif yn 1890 roedd ychydig dros 100,000 o bobl a gafodd eu geni yng Nghymru yn byw bryd hynny yn America. Ymgartrefodd llawer yn nhrefi'r gweithfeydd haearn yn Scranton a Wilkes-Barre yn Pennsylvania. Yn 1872 roedd 384 o gapeli Cymraeg yn UDA. Mae'r cysylltiad yn dal yn gryf heddiw.

Byddai Scranton, Pennsylvania, UDA yn cynnal eisteddfod flynyddol, ond erbyn diwedd y bedwaredd ganrif ar bymtheg roedd wedi datblygu'n ŵyl gerdd ryngwladol a oedd yn cael ei chynnal yn Saesneg.

Llun o'r gystadleuaeth gorawl yn Eisteddfod Scranton yn 1880.

Roedd 200,000 o Gymry eraill yn byw dramor yn Awstralia, Seland Newydd, Canada a De Affrica.

Ysgol ganolraddol yn nyffryn Camwy, Patagonia, gyda phlant gwladychwyr o Gymru, 1908.

Roedd cymuned fechan ond un gref o Gymry ym Mhatagonia, rhan o'r Ariannin. Hwyliodd y grŵp gwreiddiol yno o Lerpwl ar long o'r enw *Mimosa* yn 1865 ac ymgartrefu yn nyffryn Camwy. Daeth allfudwyr eraill o Gymru i ymuno â nhw yn ddiweddarach. Er dioddef caledi mawr, goroesodd y gymuned, ac mae llawer o'u disgynyddion heddiw'n dal i siarad Cymraeg, yn ogystal ag iaith swyddogol Ariannin, sef Sbaeneg.

Meddyliwch!

Allfudodd Cymry am lawer o resymau.

- Pam roedd Llundain mor boblogaidd?
- Pam roedd Lerpwl yn denu cymaint o bobl o ogledd Cymru?
- Pam roedd lleoedd fel Scranton yn UDA yn denu allfudwyr?
- Pam roedd cymaint o allfudo i wledydd fel Awstralia, Seland Newydd, Canada a De Affrica?
- Roedd gan yr allfudwyr a aeth i Batagonia resymau arbennig dros hwylio i ran ddiarffordd o Dde America. Allwch chi feddwl beth oeddent?

148

2. Newidiadau mewn gwaith

Yn 1913, roedd 234,134 o ddynion yn cael eu cyflogi yn y diwydiant glo yng Nghymru. Roedd hyn yn ddegfed ran neu'n 10 y cant o gyfanswm y boblogaeth. Dylai'r ffigur hwn ei hunan roi syniad o bwysigrwydd mawr y diwydiant glo yng Nghymru.

Roedd mwyafrif y dynion a oedd yn gweithio yng Nghymru yn 1881 yn cael eu cyflogi yn un o'r diwydiannau canlynol:

 glo
 dur
 tunplat
 llechi
 cludiant
  (rheilffyrdd a dociau)
 amaethyddiaeth

Rhwng 1881 a 1911 bu cryn gynnydd yn y niferoedd a oedd yn cael eu cyflogi ym mhob un o'r rhain, ar wahân i amaethyddiaeth. Mewn amaethyddiaeth, aeth y niferoedd i lawr.

Cafodd trefi a phentrefi eu codi yn agos at y pyllau glo, y chwareli, y gweithfeydd dur, y gweithfeydd tunplat, y dociau a'r canolfannau peirianneg rheilffyrdd. Roeddent yn darparu cartrefi a chyfleusterau i'r gweithwyr a'u teuluoedd. O ganlyniad mae llawer o'r tai a'r adeiladau yn ein trefi a'n pentrefi heddiw yn dyddio'n ôl i flyn-yddoedd olaf y bedwaredd ganrif ar bymtheg (19g.) a blynyddoedd cynnar yr ugeinfed ganrif.

Tai a godwyd i fwyngloddwyr yn Y Waun, gogledd-ddwyrain Cymru.

Meddyliwch!

Gyda phartner, trafodwch yr adeiladau hŷn yn eich pentref, eich tref neu eich dinas, fel y capeli, y sinemâu, neuaddau'r gweithwyr, y ffatrïoedd ac yn y blaen. Gwnewch restr o'r rhai a gafodd eu codi yn eich barn chi rhwng 1870 a 1914. Crëwch restr y dosbarth. Trafodwch y rhesymau pam cawsant eu codi a sut maent yn cael eu defnyddio heddiw. Beth y gallwn ni ei ddysgu oddi wrth adeiladau am newidiadau yn y can mlynedd diwethaf?

Bethesda, un o'r trefi llechi yng ngogledd-orllewin Cymru.

Wrth i'r trefi mawr ddatblygu, cynyddu a wnaeth gwaith yn y diwydiannau gwasanaeth ac adwerthu hefyd.

Geiriau allweddol

diwydiant gwasanaeth: cwmnïau sy'n rhoi gwasanaethau yn hytrach na nwyddau i bobl, er enghraifft bancio, yswiriant
diwydiant adwerthu: siopau sy'n gwerthu nwyddau
gweini: gwaith fel gwas neu forwyn yng nghartref rhywun arall

Siop bob peth ym Methesda.

Wedi i'r deddfau diwygio diwydiannol rwystro merched rhag gweithio yn y pyllau glo, ychydig o waith a oedd i ferched yn y diwydiannau trwm. Felly roedd y diwydiannau gwasanaeth ac adwerthu yn cynnig peth gwaith i ferched. Er hynny, gweini fel morynion yng nghartrefi pobl eraill yr oedd hanner y merched a oedd yn gweithio am arian.

Merched hefyd oedd y gweithlu di-dâl mwyaf yn y wlad wrth gwrs. Byddai merched a oedd yn gweithio yn y cartref yn wynebu'r llafur diddiwedd o siopa, bwydo, glanhau a golchi heb help y peiriannau sydd gennym ni heddiw.

Meddyliwch!
Beth mae *Bennett's Business Directory* for Port Dinorwic – *Cyfeiriadur Busnes Bennett* ar gyfer y Felinheli yng ngogledd-orllewin Cymru – yn ei ddweud wrthych am y siopau a'r gwasanaethau a oedd ar gael i bobl mewn tref yn y cyfnod hwn?

North Wales   Port Dinorwic.
Bennett's Business Directory
PORT DINORWIC

BANKERS: – Lloyds Bank. North & South Wales Bank. London City and Midland Bank.
CHURCH: – St. Mary's. Vicar, Rev. J. T. Jones, B.A.
COUNTY COURT: –Held at Carnarvon.
EARLY CLOSING DAY: – Thursday.
POPULATION: – 2,700.
POSTAL: – A money order and telegraph office under Bangor: postal deliveries, 7 a.m. and 4 p.m.
PUBLIC BUILDINGS: – Working Men's Conservative Club.
RAILWAYS: – The station is on the Bangor and Afon Wen branch of the London and North Western Railway.
REGISTRAR OF BIRTHS AND DEATHS: – J. R. Jones
SITUATION: – In the county of Carnarvon, on the shore of the Menai Straits, 5 miles south-west of Bangor, and 4 miles north-east of Carnarvon.
TRADE: – Slate quarrying.

Banks H M, cycle agent, Bangor st
Caddock W, Tea Rooms, 73 Bangor st
Davies J, grocer, Bangor st
Dinorwic Slate Quarries
Edwards E, grocer, Cinallt, Snowdon st
Edwards H, surgeon, Bangor st
Edwards J, grocer, Anchor House, Snowdon st
Edwards Mrs, grocer, Menai Hill
Eifl Commercial Hotel, 76 Bangor st
Evans D, grocer, Dinorwic house
Evans H, draper, Snowdon st
Evans T, grocer, Bangor st
Foulkes J R & Co., ship, yacht, and boat, builders, Dinas.
Francis T, taxidermist, Bangor st
Garddfon Inn, Beach Row
Griffith E, boot and shoe establishment, Bangor st
Horlock W, fish frier, 60 Bangor st

Trwy gydol y cyfnod hwn, roedd profiadau gwaith llawer o bobl yn debyg iawn, pa un a oeddent yn gweithio mewn pwll glo, mewn gwaith dur, mewn chwarel lechi, yn y dociau neu yn y cartref.

1. Roedd gwaith yn mynd â llawer o amser pobl.
   - Roedd y diwrnod gwaith yn hir – 10–12 awr yn aml.
   - Roedd yr wythnos waith yn hir – dydd Sul oedd yr unig ddiwrnod rhydd llawn. Byddai'r rhan fwyaf o bobl yn gweithio tan o leiaf ganol dydd neu 2 p.m. ar ddydd Sadwrn.
   - Yr unig wyliau oedd gwyliau'r banc.

2. Roedd gwaith y rhan fwyaf o bobl yn cynnwys llafur caled â llaw. Yn aml roedd hynny'n golygu:
   - Gwaith corfforol caled – codi, cario, defnyddio offer trwm, ac yn y blaen.
   - Amodau gwaith budr/brwnt ac anghyfforddus.
   - Gweithio mewn gwres mawr neu oerni mawr.
   - Gweithio dan gysgod ofn damweiniau drwy'r amser.
   - Gweithio mewn amodau afiach a allai arwain at glefydau a marwolaeth.

TASG

Ar y tudalen hwn a'r tudalen nesaf, gwelwch luniau o lowyr wrth eu gwaith. Gan ddefnyddio'r pwyntiau bwled o bwynt 2 uchod yn benawdau, a chan ddefnyddio enghreifftiau o dystiolaeth y lluniau hyn, ysgrifennwch frawddeg ar bob pwynt bwled i roi adroddiad manylach am waith glöwr. Gallwch ddechrau eich brawddeg gyntaf fel hyn:
Roedd gwaith glöwr yn galed.
Er enghraifft, roedd rhaid iddo . . .

152

*Angladd rhai a fu farw yn y drychineb
yng Nglofa Darren, Deri, Bargoed, yn 1909.*

TASG

Darllenwch y darn hwn am fywyd gwraig yng Nghwm Rhondda ac edrychwch ar y lluniau isod. Gan ddefnyddio'r un pwyntiau bwled ag a wnaethoch i ddisgrifio bywyd glöwr, disgrifiwch fywyd gwraig glöwr.

Gair allweddol

mynd i weini: mynd i weithio fel gwas neu forwyn

Cefais fy magu yng Nghaerdydd ac es i i weini lan i'r Rhondda lle roedd brawd imi'n gweithio, ac yno y cwrddais â 'ngŵr, a oedd yn löwr. Tair ar ddeg oeddwn i pan briodon ni yn 1903. A minnau wedi fy magu yn y dref, roedd bywyd yn wahanol iawn i'r hyn roeddwn i wedi arfer ag ef. Roedd yn dipyn o ysgytwad nad oedd unman gyda ni i'n gwŷr gael bath. Roedd yn rhaid inni ddod â thwba neu fath tun, p'un bynnag a oedd gyda ni, i mewn i'r ystafell lle bydden ni'n byw, a thwymo'r dŵr dros dân yr ystafell fyw mewn bwced neu fwyler haearn. Felly gallwch chi ddychmygu nad yw bywyd gwraig i löwr yn fêl i gyd. Mae'n rhaid inni wneud y golch wythnosol yn yr un ystafell, fel doedd ein hunig ystafell yn fawr o le i edrych arno. Erbyn inni ei glanhau bob dydd, roedd yn edrych yn eitha, nes i'r gŵr ddod adre. Yna, ar ôl iddo ymolchi, ac i'w ddillad gael eu rhoi i sychu, a'u troi o bryd i'w gilydd, mae haen dda o lwch glo dros yr ystafell i gyd, sy'n golygu fod arnoch chi eisiau'r dwster yn eich llaw trwy'r amser.

Hefyd, does dim boeleri, neu 'gopers' y dylwn ei ddweud, 'da ni i ferwi ein dillad. Rhaid inni eu berwi dros dân yr ystafell fyw. 'Sdim rhyfedd bod cymaint o blant bach yn cael eu sgaldio i farwolaeth yng Nghymru, gan fod cymaint o bobl, yn ddifeddwl, yn rhoi'r dŵr twym yn y bath yn gyntaf, heb gofio am y rhai bach sy'n trotian o'u cwmpas, ac maen nhw'n baglu i mewn iddo. Bu crwtyn bach pump oed, a oedd yn byw yn agos i mi, farw yr wythnos diwethaf. Roedd e wedi cwympo i mewn i fath o ddŵr berw a oedd yn cael ei baratoi i'w dad ymolchi.

Cafodd y llun hwn o Emlyn Jones, Tynewydd yn y de, yn cael sgrwbio ei gefn gan ei wraig Agnes, ei dynnu mewn gwirionedd tua 1948.

3. Newidiadau mewn gweithgareddau hamdden

Gair allweddol

Y Gobeithlu:
cymdeithas i blant
yn hyrwyddo dirwest
(peidio ag yfed alcohol)

Er bod amodau byw a gweithio yn galed i'r dosbarthiadau gweithio, mae digon o dystiolaeth eu bod yn byw bywyd llawn ac yn gwneud y gorau o'u hamser hamdden. Byddent yn mwynhau cymryd rhan mewn gweithgareddau a oedd yn cynnwys llawer o bobl, er enghraifft corau, bandiau a chwaraeon tîm.

Evan Roberts, pregethwr enwog y Diwygiad, gyda'i gynorthwywyr.

Capeli ac eglwysi

Yn y rhan fwyaf o'r pentrefi mawr a'r trefi roedd nifer o gapeli ac o leiaf un eglwys. Yn aml, y rhain oedd yr adeiladau mwyaf mewn stryd. Yn 1905 roedd dros hanner miliwn o bobl yn perthyn i gapel.

Ar adegau, byddai diwygiad crefyddol yng Nghymru, hynny yw, teimlad crefyddol yn cael ei ennyn mewn llawer iawn o bobl yr un pryd. Dechreuodd un diwygiad yn 1904, pan ddywedodd gweinidog o Gasllwchwr, Evan Roberts, fod Duw wedi dod ato. Roedd llawer o bobl, yn enwedig pobl ifanc, yn teimlo'n debyg. Yn fuan, aeth y gair ar led ac ymunodd miloedd o bobl yng nghyfarfodydd a gwasanaethau'r diwygiad.

Roedd y capeli a'r eglwysi'n llawn ar ddydd Sul. Byddai pobl yn gwisgo eu dillad dydd Sul ac yn mynd i wasanaethau lle byddent yn canu, yn gwrando ar hanesion o'r Beibl ac yn cydweddïo.

Dydd Llun, fel y Sul blaenorol, cynhaliwyd cwrdd ychwanegol y tu allan i'r capel oherwydd maint y gynulleidfa. Roedd llawer o weinidogion yn y cwrdd hwn. Roedd rhai wedi teithio'n bell i weld a barnu drostynt eu hunain ai oddi wrth Dduw yr oedd y neges wedi dod, ynteu oddi wrth ddyn. Byddai tyrfaoedd o bobl yn gofyn imi, 'Ydy hyn yn wir?' Roeddwn i'n siwr ei fod.

(T. Francis, gweinidog Anghydffurfiol a diwygiwr o Orseinon, yn ysgrifennu yn 1906)

Cafodd y diwygiad effaith ryfedd arna i. Byddwn i a'm ffrindiau'n chwarae cwrdd gweddi. Byddai Lavinia a minnau'n cymryd arnom ein bod yn canu emynau, ac Oswald yn cau ei lygaid ac yn gweddïo. Roedd un bachgen am inni achub ei gath, felly dyna wnaethon ni â chymysgedd o ganu a gweddïo o flaen ein rhieni, a oedd yn gweld y cyfan yn ddoniol iawn. Ar nos Lun byddai ein rhieni'n mynd i'r cwrdd gweddi tra bydden ni'n chwarae.

(Annie Miles o Bont-rhyd-y-fen yn cofio 1905 mewn cyfweliad yn 1996)

Byddai'r capeli yn arbennig yn trefnu llawer mwy na gwasanaethau crefyddol. Byddai digwyddiadau'n cael eu trefnu bob nos ac yn aml ar benwythnosau. Byddai te partis yn cael eu trefnu i'r plant, byddai ymarferion côr, band pres a chymdeithasau drama, a llawer o weithgareddau eraill. Byddai plant yn mynd i'r Gobeithlu ac i'r ysgol Sul. Yn yr haf, roedd y tripiau ysgol Sul a gorymdeithiau'r Sulgwyn yn boblogaidd iawn gyda'r plant.

Capeli Cymraeg oedd llawer o'r capeli. Byddent yn trefnu eu heisteddfodau eu hunain lle byddai pobl yn canu, yn darllen barddoniaeth, yn chwarae offerynnau cerdd ac yn perfformio mewn dramâu amatur.

> *Y capel oedd canolbwynt ein bywyd cymdeithasol. A doedd e ddim yn ddiflas, cofiwch. Bydden ni'n cael llawer iawn o hwyl.*
>
> (Gwraig o Lwynypia, y Rhondda, yn cofio dechrau'r ugeinfed ganrif)

TASG

I lawer o deuluoedd, byddai bywyd y tu allan i'r gwaith neu'r ysgol yn troi o gwmpas y capel neu'r eglwys. Gan ddefnyddio'r disgrifiad o gapeli ac eglwysi a'r lluniau, llenwch y calendr dychmygol â rhai gweithgareddau eglwys/capel ar gyfer teulu yn ystod wythnos y Sulgwyn.

	Tad	Mam	Plentyn
Dydd Sul			
Dydd Llun			
Dydd Mawrth			
Dydd Mercher			
Dydd Iau			
Dydd Gwener			
Dydd Sadwrn			

Ni fyddai neb yn rhan o weithgaredd bob dydd. Ambell i ddydd, efallai y byddai mwy nag un gweithgaredd yn digwydd.

Ysgol Sul y Tabernacl, capel y Wesleaid, Treorci, ar fin dechrau ar orymdaith y Sulgwyn trwy'r dref yn 1914.

TABERNACLE BAPTIST CHAPEL, PONTYPOOL.

THE ANNUAL TEA PARTY

OF THE ABOVE CHURCH WILL BE HELD
On Thursday, August the 29th, 1872;
Tea on the Table at Three o'clock.   Tickets, 1s. each.

If the weather is favourable, the Tea will be provided in Penygarn Field— if wet, in the Tabernacle Chapel.

PUBLIC MEETING
AT SEVEN O'CLOCK.

Rhan o orymdaith flynyddol Corpus Christi gan blant ysgolion Catholig yng Nghaerdydd yn 1911.

Tafarndai

Am bob capel mewn tref, byddai lle a oedd yn gwerthu alcohol. Roedd tafarndai'n aml yn lleoedd garw a dynion yn unig yn mynd iddynt. Byddai llwch lli ar y llawr a llestri poeri ar y bar.

Geiriau allweddol

dirwest:
  peidio ag yfed alcohol

Glowyr yn mwynhau diod ar ôl eu sifft yng Nghwmbach, Aberdâr, tua 1910.

Roedd cwrw yn ddiod wych am dorri syched dynion, gan fod llawer yn treulio'u dyddiau'n gwneud gwaith corfforol mewn lleoedd poeth.

Roedd rhai o'r barrau mewn sefydliadau gweithwyr. Yma roedd ystafelloedd biliards, byrddau cardiau a dominos, neuaddau cyngerdd a llyfrgelloedd. Yn gynnar yn yr ugeinfed ganrif, nhw fyddai'r sinemâu neu'r 'pictiwrs' cyntaf gan ddangos ffilmiau mud.

Sinema deithio gynnar ym Mhwllheli.

> Yn Llanelli roedd un tafarn i bob 179 o bobl, ond rhaid cofio bod tafarndai'n rhan hollol gyffredin o fywyd pob dydd, a'u bod yn cynnig bwyd a diod i filoedd o bobl gyffredin.
>
> (Russell Davies yn ei lyfr *Secret Sins: Carmarthenshire*, 1870–1920)

Yn y 1870au, côr o Aberdâr oedd y mwyaf adnabyddus. Cafodd ei ffurfio gan of o'r enw Griffith Rhys Jones o Abercynon. Caradog yr oedd pawb yn ei alw. Ym mis Gorffennaf 1873 penderfynodd Caradog y byddai ei gôr o 500 o gantorion yn rhoi cynnig ar gystadleuaeth yn y Palas Grisial yn Llundain yn erbyn y corau gorau yn Lloegr. Daeth cynifer ag 20,000 o bobl i wrando ar yr ymarfer olaf yng Nghastell Caerffili.

Enillodd côr Caradog fuddugoliaeth fawr a dychwelyd i Gymru gyda'r wobr gyntaf. Roedd golygfeydd rhyfeddol pan ddaeth y côr yn ôl i Gymru. Roedd tyrfaoedd yng ngorsaf Caerdydd a chroeso enfawr pan ddaethant adref yn y diwedd i Aberdâr.

'Gwlad y Gân'

Roedd corau'n boblogaidd ledled Cymru yn ail hanner y bedwaredd ganrif ar bymtheg (19g.). Corau meibion (dynion i gyd) oedd rhai, a chorau cymysg oedd eraill.

Erbyn diwedd y ganrif roedd gan y rhan fwyaf o drefi a phentrefi o leiaf un côr a byddai cystadlaethau di-ri'n cael eu cynnal ar hyd a lled y wlad. Byddai dilynwyr y corau'n mynd i'w cefnogi lle bynnag y byddent yn canu. Roedd yn debyg i gefnogi tîm pêl-droed heddiw.

Roedd gan lawer o drefi a chapeli gerddorfeydd neu fandiau yn ogystal â chorau.

> Meddai ymwelydd o Loegr â'r Eisteddfod Genedlaethol ym Merthyr Tudful yn 1881:
>
> Roedd chwe chôr yn y gystadleuaeth gorawl, gyda chyfanswm o 1,456 o gantorion. Cymerodd dair awr i wrando ar y chwe chôr hyn yn canu. Roedd y gynulleidfa enfawr ar ei thraed yr holl amser.

Trechu'r 'Crysau Duon'

O'r 1880au ymlaen daeth chwaraeon yn fwyfwy poblogaidd – fel campau i'w chwarae ac i'w gwylio. Pêl-droed oedd hoff gêm pobl y dosbarth gweithiol a pharhaodd i fod yn boblogaidd. Yn Lloegr, roedd rygbi'n cael ei chwarae'n bennaf gan fechgyn cyfoethog yr ysgolion bonedd. Ond yng Nghymru, taniodd frwdfrydedd pobl a chafodd nifer fawr o glybiau rygbi eu ffurfio. Erbyn 1900, roedd y Cymry wedi gwneud enw iddynt eu hunain fel chwaraewyr rygbi medrus. Rhwng 1900 a 1912 enillodd Cymru'r Goron Driphlyg (hynny yw, curodd y tîm Loegr, Iwerddon a'r Alban) chwe gwaith.

Y diwrnod gorau i gyd, serch hynny, oedd 16 Rhagfyr 1905. Chwaraeodd Cymru yn erbyn 'Crysau Duon' Seland Newydd. Nhw oedd y tîm rygbi gorau yn y byd, ac roedd llawer yn meddwl na allai neb eu trechu.

Heidiodd tyrfa o 47,000 o bobl i Barc yr Arfau, Caerdydd, i wylio tîm Cymru a oedd yn cynnwys glowyr, gweithwyr tunplat a wneuthurwyr boeleri. Y Cymry enillodd y gêm a daeth Cymru'n enwog am ei thîm rygbi.

Nid yw pobl sir Gaerfyrddin yn dweud rhyw lawer am grefydd. Ambell waith bydd anghytundeb gwleidyddol yn eu cynhyrfu. Ond ni fu diddordeb yn yr un o'r pethau hyn mewn blynyddoedd diweddar i'w gymharu â'r diddordeb a gymerwyd yn y gêm rygbi rhwng Cymru a Seland Newydd. Safodd busnes i bob pwrpas yn llonydd i aros am y telegramau. Daeth y canlyniad â golygfeydd na welwyd eu math erioed o'r blaen.

(*Carmarthen Weekly Reporter*, papur newydd yn sir Gaerfyrddin, 22 Rhagfyr 1905)

Tîm rygbi Cymru a drechodd Seland Newydd yn 1905.

Roedd bocsio hefyd yn boblogaidd ymysg y dosbarth gweithiol. Jim Driscoll o Gaerdydd ar ei liniau yn erbyn Freddie Welsh o Bontypridd yn 1910. Roedd y ddau Gymro hyn yn gewri ym myd bocsio ym Mhrydain ar y pryd ac yn enwog yn Ewrop ac America.

TASG

Cymharwch y gweithgareddau chwaraeon a hamdden ar ddechrau'r ugeinfed ganrif â'r un gweithgareddau heddiw. Beth sydd wedi aros yr un fath? Beth sydd wedi newid? Pam yn eich barn chi y mae'r newidiadau wedi digwydd?

Tafarndai
Sinemâu
Gweithgareddau cerddorol
Chwaraeon

4. Iaith a diwylliant Cymru

Gair allweddol

diboblogi:
   lleihad yn nifer y bobl
   sy'n byw mewn ardal

Roedd y cyfnod yn un allweddol yn hanes yr iaith Gymraeg. Yn gynnar yn y bedwaredd ganrif ar bymtheg (19g.) mae'n debyg bod tua 80 y cant o'r boblogaeth yn siarad Cymraeg. Cyfrifiad 1891 oedd y cyntaf i ofyn i bobl gofnodi gwybodaeth am yr iaith yr oeddent yn ei siarad. Dyma'r canrannau o bobl a oedd yn siarad Cymraeg a gofnodwyd ar gyfer 1891, 1901 a 1911:

1891	54.4%
1901	49.9%
1911	43.5%

Erbyn diwedd y bedwaredd ganrif ar bymtheg, felly, roedd mwyafrif bychan o bobl yn byw yng Nghymru nad oeddent yn gallu siarad yr iaith frodorol. Ond oherwydd y cynnydd yn y boblogaeth, nid oedd llawer iawn llai o bobl yn siarad yr iaith.

Mae Janet Davies, awdur llyfr ar yr iaith Gymraeg, wedi disgrifio'r newid hwn fel un 'aruthrol o bwysig'. Mae hi'n dweud hyn hefyd:
Tan yr ugeinfed ganrif, roedd modd diffinio'r Cymry fel pobl a oedd at ei gilydd yn siarad Cymraeg. Nid oedd y diffiniad hwnnw'n wir bellach.

Parhau wnaeth y lleihau yn y ganran a oedd yn siarad Cymraeg yn yr ugeinfed ganrif, ond bu cynnydd bach erbyn diwedd yr ugeinfed ganrif.

1931	36.8%
1951	28.9%
1981	18.7%
2001	20.5%

Nid oedd y ffigurau cenedlaethol yn dangos yr amrywiadau mawr ar draws Cymru. Yn y rhan fwyaf o'r gogledd-orllewin a'r de-orllewin, Cymraeg oedd iaith y mwyafrif helaeth o bobl o hyd. Ond yn yr un ardaloedd roedd diboblogi'n digwydd. Yn y de-ddwyrain newydd, diwydiannol, a oedd yn ehangu, roedd y gostyngiad yn llawer mwy nag y mae'r ffigurau cenedlaethol yn ei ddangos.

Dim ond Cymraeg ro'n i'n ei siarad â'm rhieni. Ond ar y stryd, ro'n i'n chwarae â phlant y mewnfudwyr. Des i'n fwy cyfarwydd â Saesneg. Roedd fy nhad yn ddig iawn pan ddechreuais i ei ateb yn Saesneg, ond dywedai Mam: 'Gad iddo fod, does dim ots. Mae angen Saesneg arno beth bynnag er mwyn dod ymlaen.'

Jack Jones yn ysgrifennu am ei blentyndod yn y Rhondda rhwng 1900 a 1914 yn *Unfinished Journey* (1938).

Cyn gynted ag y siaradais i Gymraeg, chwarddodd pawb, a chafodd llinyn ei roi am fy ngwddf a darn trwm o bren wedi ei glymu wrtho. Roeddwn i wedi rhoi dyfais debyg am wddf ci i'w rwystro rhag ymlid defaid.

O. M. Edwards, yn ysgrifennu yn 1897.

*Yn ne Cymru mae'r anawsterau
iaith wedi diflannu i bob pwrpas.
Yno mae rhieni wedi dysgu gwerth
Saesneg i'w plant. Nawr rhaid
gwneud yr un ymdrech yn y Gogledd.*

Comisiynydd Ysgolion, yn ysgrifennu
yn 1895.

TASG

Sut mae'r dyfyniadau hyn yn
helpu i egluro pam bu lleihad yn
y ganran a siaradai Gymraeg yn
ystod y bedwaredd ganrif ar
bymtheg (19g.)?

Ysgol y Cyngor yn y Bontnewydd, sir Gaernarfon, tua 1905.
Sylwch ar y lluniau o'r brenin a'r frenhines ar y wal. Ar ôl 1880
roedd rhaid i bob plentyn yng Nghymru fynd i'r ysgol gynradd.
Saesneg oedd iaith yr ystafell ddosbarth. Yn 1907 daeth O. M.
Edwards yn Brif Arolygydd Ysgolion. Anogodd ef ddysgu trwy
gyfrwng y Gymraeg mewn ysgolion mewn ardaloedd lle'r oedd
y Gymraeg yn
iaith gyntaf.

Edrychwch ar y
dyfyniadau. Pam
roedd O. M. Edwards
yn teimlo'n gryf
ynglŷn â hyn yn
eich barn chi?

Meddyliwch!

1. 'Yn 1911 roedd rhagor o bobl yng
Nghymru a allai siarad Cymraeg nag
erioed o'r blaen, a rhagor nag a fu ers
hynny.' Edrychwch ar yr ystadegau ar
dudalen 158. Sut gallai hyn fod yn wir?

2. Rhwng 1891 a 1911 roedd nifer y
siaradwyr Cymraeg ym Môn, sir
Gaernarfon, sir Gaerfyrddin, Ceredigion
a Meirionnydd rhwng 89% a 95% o'u
poblogaethau. Yn 1911 Saesneg yn unig
a siaradai 58% o boblogaeth Morgannwg.
Eglurwch pam roedd cymaint o
wahaniaeth, yn eich barn chi.

3. Am y tro cyntaf ers dechrau cofnodi'r
nifer o siaradwyr Cymraeg yng Nghymru
yn 1891, roedd cynnydd yn y ganran yn
2001. A allwch chi feddwl am unrhyw
resymau am y cynnydd hwn?

159

Yr Eisteddfod Genedlaethol yng Nghaer yn 1866.

Er bod y ganran a oedd yn siarad Cymraeg yn lleihau yr adeg honno, roedd diddordeb mawr yn iaith, diwylliant a hanes Cymru yn ystod y cyfnod hwn.

- Cafodd yr Eisteddfod Genedlaethol ei haildrefnu yn 1880, a daeth yn ddigwyddiad poblogaidd iawn bob blwyddyn yng Nghymru.

- Cafodd timau cenedlaethol eu ffurfio mewn llawer o chwaraeon – yn arbennig mewn pêl-droed a rygbi.

- Agorodd y Llyfrgell Genedlaethol yn 1909 yn Aberystwyth

Yr Hen Goleg, Aberystwyth, coleg cyntaf Prifysgol Cymru, a agorodd yn 1872. Cafodd arian ei gasglu ymhlith gweithwyr cyffredin i dalu am sefydlu'r coleg. Yn 1893 ymunodd colegau yng Nghaerdydd a Bangor ag Aberystwyth i ffurfio Prifysgol Cymru.

Y gofeb ym Mharc Ynysangharad, Pontypridd, i Evan a James James, tad a mab, cyfansoddwyr anthem genedlaethol Cymru.

- Daeth 'Hen Wlad fy Nhadau', a gafodd ei hysgrifennu a'i chyfansoddi gan Evan a James James o Bontypridd yn y 1860au, yn anthem genedlaethol i Gymru.

Roedd yr holl ddatblygiadau hyn yn digwydd ar adeg pan, am y tro cyntaf, na allai mwyafrif y bobl a oedd yn byw yng Nghymru siarad Cymraeg.

- Agorodd yr Amgueddfa Genedlaethol yng Nghaerdydd yn 1908.
- Cafodd Adran Addysg ar wahân ei chreu ar gyfer Cymru yn 1907.

Bod yn Gymry yn 1914

Cafodd gwahanol rannau o Gymru wahanol brofiadau yn y blynyddoedd 1870–1914. Gwelodd de-ddwyrain Cymru gynnydd enfawr yn y boblogaeth. Ar y llaw arall, lleihau a wnaeth poblogaeth Ynys Môn. Yng ngogledd-orllewin Cymru y diwydiant llechi oedd yn ben, a'r diwydiant glo oedd flaenaf yn yr ardal o amgylch Wrecsam. Y diwydiant gwlân ac amaethyddiaeth oedd bwysicaf yn ardal Y Drenewydd ac yn y Canolbarth, y diwydiant tunplat yn Llanelli, amaethyddiaeth yng Ngheredigion, a glo yn y de-ddwyrain. Cymraeg oedd iaith gogledd-orllewin Cymru yn bennaf ond roedd y de-ddwyrain yn mynd yn fwyfwy Saesneg ei iaith.

Ond lle bynnag roedd pobl yn byw a beth bynnag eu profiadau unigol, ledled Cymru roedd teimladau cryf o berthyn i gymuned ac o fod yn Gymry, pa un a oeddent yn siarad Cymraeg ai peidio.

Côr Dirwest Dowlais ar risiau'r Palas Grisial yn Llundain, lle'r enillodd y gystadleuaeth i gorau dirwest yn 1895.

Ysgrifennodd hanesydd o'r enw Dr Bill Jones am y bobl yn yr ardaloedd diwydiannol newydd: *I lawer, roedd pleserau canu mewn corau ac iasau'r gêm rygbi'n ffyrdd o ddod yn Gymry.*

Yn yr ardaloedd diwydiannol, rhannai pobl y dosbarth gweithio brofiadau tebyg. Byddai pobl yn gweithio'n agos at ei gilydd mewn amgylchiadau anodd. Byddent yn byw trwy gyfnodau pan oedd digon o waith a chyfnodau eraill o ddiweithdra. Gyda'i gilydd byddent yn byw trwy drychinebau pan fyddai pobl yn marw mewn damweiniau. Byddent yn dioddef adegau anodd gyda'i gilydd pan fyddai streiciau yn erbyn y cyflogwyr.

Byddent yn byw mewn cymunedau clòs ac yn rhannu mwynhad y tu allan i'r gwaith. Byddent yn gwylio ac yn cymryd rhan mewn chwaraeon gyda'i gilydd. Byddent yn cydganu neu'n cydwrando ar gorau. Byddent yn cymryd rhan mewn cyngherddau ac yn mynd i'w mwynhau gyda'i gilydd. Byddent yn mynd i'r capel gyda'i gilydd. Byddai'r dynion yn mynd i'r dafarn gyda'i gilydd. Roedd rhannu'r profiadau hyn yn eu helpu i uniaethu â'i gilydd.

Yn y bennod hon rydym wedi edrych ar bedair ffordd y newidiodd Cymru rhwng tua 1870 a 1914.

1. Y newid yn y boblogaeth.

2. Twf diwydiant trwm.

3. Y newid mewn gweithgareddau hamdden.

4. Y newid yn hanes yr iaith Gymraeg.

TASG

Ar ddechrau'r bennod hon roedd awgrym y gallai'r pedwar newid hyn gael eu disgrifio fel 'trobwyntiau' yn hanes Cymru. Ysgrifennwch baragraff am bob un o'r newidiadau i ddweud a oedd yn drobwynt ai peidio.

Cyn dechrau, meddyliwch am y rhesymau pam gallai digwyddiad mewn hanes gael ei alw'n bwysig. Meddyliwch am y cwestiynau hyn:

- A oedd y newid yn bwysig i bobl ar y pryd?
- A wnaeth y newid effeithio'n ddwfn ar fywydau pobl?
- A wnaeth y newid effeithio ar lawer o bobl?
- A wnaeth y newid effeithio ar fywydau pobl am amser maith wedyn?
- A yw astudio'r newidiadau hyn yn ein helpu i ddeall y byd rydym yn byw ynddo heddiw?

TASG

Mae rhywun wedi gofyn ichi ddylunio clawr blaen llyfr o'r enw *Cymru'n Newid, 1870–1914*. Mae angen ichi ddarlunio'r pedwar newid sy'n cael eu disgrifio yn y bennod hon. Pa ddarluniau y byddech chi'n eu dewis? Gallwch ddewis lluniau o'r llyfr hwn, o lyfr arall neu o'r Rhyngrwyd.

Byddwch yn barod i siarad am eich clawr ac i gyfiawnhau eich dewis o luniau.

TASG

Yn yr Oesoedd Canol, byddai gan bobl gyfoethog arfbeisiau. Roeddent yr un siâp â tharian ac wedi eu rhannu'n dair rhan. Byddai pob rhan yn dweud rhywbeth amdanynt ac am y pethau roeddent yn ei gredu.

Dychmygwch fod rhywun wedi gofyn ichi grynhoi beth oedd ystyr bod yn Gymry ar ddechrau'r ugeinfed ganrif trwy greu arfbais.

1 Beth fyddech chi'n ei roi ym mhob un o wahanol rannau'r darian? Gallai fod yn symbol, yn berson, yn ddilledyn, yn ffotograff o adeilad, yn grŵp o bobl, yn arwyddair, yn deitl neu'n eiriau cân, ac yn y blaen.

2 Wedi ichi ddewis eich tair delwedd, ysgrifennwch baragraff byr am bob un i gyfiawnhau eich dehongliad. Byddwch wedyn yn eu defnyddio i adrodd yn ôl neu i roi cyflwyniad i'r dosbarth.

3 Bydd pob aelod o'r dosbarth yn adrodd yn ôl i'r dosbarth am y delweddau y mae wedi eu dewis. Gwnewch restr o'r gwahanol ddewisiadau sydd wedi eu gwneud. Trafodwch nhw yn y dosbarth a dewiswch tair delwedd fel dosbarth i greu tarian i'r dosbarth.

4 Crëwch darian sy'n cynrychioli eich barn eich hun ynghylch beth mae bod yn Gymro neu'n Gymraes yn ei olygu i chi, heddiw. Trafodwch hyn ag aelodau eraill o'ch dosbarth.

yn siarad Cymraeg

# Geirfa

aeres: merch sy'n etifeddu eiddo'r teulu

Anghydffurfwyr: Protestaniaid a wrthododd fod yn rhan o Eglwys Loegr ond roedd ganddynt eu capeli eu hunain, yn bennaf Methodistiaid, Annibynwyr, Presbyteriaid a Bedyddwyr

allfudo: symud i fyw o un wlad i un arall

alltud: cael ei orfodi i fyw tu allan i wlad ei hun

alltudiaeth: cosbi troseddwyr (18–19g.) trwy eu hanfon i wneud llafur caled yn America neu Awstralia

annibynnol: yn rhydd o reolaeth gwledydd eraill (yma, llywodraeth a brenin Prydain)

bachgen gyrru'r wedd: bachgen oedd yn aredig y tir

banerwr: person sy'n cario baner byddin

boicotio: gwrthod gwneud dim byd â rhywun oherwydd beth mae'n ei gredu neu'n ei wneud

bradychu: gwneud drwg i'ch ochr eich hun

Brawdlys: llys barn lle bydd barnwr yn gwrando ar achosion

bwrdeistref: tref yn y bedwaredd ganrif ar bymtheg a oedd â'r hawl i anfon ASau i'r Senedd

cardotwyr: pobl sy'n begera neu'n gofyn am arian a bwyd

Catholig: aelod o Eglwys Rhufain o dan arweinyddiaeth y Pab

cau tiroedd: tirfeddianwyr mawr yn ffensio ac yn hawlio tir

creiriau: esgyrn person sanctaidd

cwmnïau tyrpeg: cwmnïau preifat gafodd eu creu i adeiladu a thrwsio ffyrdd ac i gasglu tollau i dalu am y ffyrdd

cyfoes: o gyfnod y digwyddiadau

cyfradd marwolaethau: y gyfradd o bobl sy'n marw mewn ardal neu gyfnod arbennig

cyfrifiad: cyfrif pawb sy'n byw mewn gwlad

cyffesu pechodau: dweud wrth offeiriad Catholig beth rydych wedi ei wneud yn anghywir

cyndeidiau: cyn + teidiau, hen deulu yn y gorffennol

cyrchoedd: ymosodiadau

cysegrfan: man addoli lle mae'r creiriau saint yn cael eu cadw

darogan: dweud beth sydd yn mynd i ddigwydd

Deddf: cyfraith sy'n cael ei phasio gan y Senedd

deddfau cau tiroedd: deddfau yn gorfodi ffensio tiroedd comin gan greu tiroedd preifat

degwm: treth a oedd yn cael ei thalu i Eglwys Loegr

deiseb: dogfen ysgrifenedig, wedi ei llofnodi gan lawer o bobl, yn mynnu bod y llywodraeth yn gweithredu

dial: achosi niwed i rywun yn gyfnewid am niwed a ddioddefwyd eisoes

diberfeddu: tynnu perfedd allan o'r corff

diboblogi: lleihad yn nifer y bobl sy'n byw mewn ardal

dienyddio: lladd rhywun trwy dorri ei ben neu ei grogi

dirwest: peidio ag yfed alcohol

disgwyliad oes: y nifer o flynyddoedd y mae disgwyl i rywun fyw

diwydiant adwerthu: siopau sy'n gwerthu nwyddau

diwydiant gwasanaeth: cwmnïau sy'n rhoi gwasanaethau yn hytrach na nwyddau i bobl, er enghraifft bancio, yswiriant

Diwygiad Protestanaidd: symudiad yr 16g. i ddiwygio'r Eglwys Gatholig a orffennodd â Phrotestaniaid yn torri i ffwrdd o'r Eglwys Gatholig

dwyieithog: siarad dwy iaith

eneidiau: rhannau foesol, crefyddol pobl

esgob: arweinydd yr Eglwys

Gobeithlu, Y: cymdeithas i blant yn hyrwyddo dirwest (peidio ag yfed alcohol)

gororau: ardal ar y ffin rhwng Cymru a Lloegr

gwarcheidwad: rhywun sy'n gofalu am blentyn yn lle mam neu dad

gweini: gwaith fel gwas neu forwyn yng nghartref rhywun arall

gweriniaeth: gwlad sy'n cael ei llywodraeth heb frenin na frenhines

gwledig: yn perthyn i'r wlad

gwrthryfel: ymladd yn erbyn brenin neu lywodraeth

gwystl: person sy'n cael ei ddal yn gaeth gan un ochr er mwyn rhoi pwysau ar yr ochr arall

herwgipio: cipio pobl a'u dal

herwr: yn eisiau gan y gyfraith

iaith leiafrifol: iaith a siaradwyd gan lai o bobl na phrif iaith y wlad honno

lwmyn y Gard: gwarchodwyr personol y brenin

landlordiaid: perchenogion tir sy'n rhentu allan eu tiroedd i denantiaid

llinach: teulu o genhedlaeth, fel arfer teuluoedd brenhinol

llys: llys barn lle mae pobl yn sefyll prawf ond hefyd mae'n golygu man lle mae'r rheolwr yn byw ac yn cadw gweision a dilynwyr a'r llywodraeth, e.e. llys Lloegr

merthyr: rhywun a gafodd ei ladd oherwydd ei gredoau

mewnfudwr: person sy'n symud i ardal o ardal arall neu o wlad arall

milwriaethus: yn benderfynol o weithio i fynnu newid

mwyndoddi: toddi mwyn (craig sy'n cynnwys metel) er mwyn cael y metel allan

mynd i weini: mynd i weithio fel gwas neu forwyn

nafis: llafurwyr a oedd yn gweithio ar y camlesi

offeren: gwasanaeth mewn eglwys Gatholig

penodi: rhoi swydd (i rywun)

pererindod: taith i fan sanctaidd

pladur: offeryn llaw i dorri gwellt hir neu wair neu gnydau

pleidlais gudd: pleidleisio ar bapur fel nad yw pobl eraill yn gwybod sut rydych wedi pleidleisio

porfa arw: bwydo gwartheg ac anifeiliaid fferm eraill ar wair sy'n tyfu yn y cae

Protestant: un o'r rheiny a dorrodd i ffwrdd o'r Eglwys Gatholig yn yr unfed ganrif ar bymtheg

Radicaliaid: pobl a ymgyrchodd dros gael newidiadau

safbwyntiau: syniadau, barn

Senedd: corff y lywodraeth sy'n creu cyfreithiau; tan y 18-19g. roedd yn cynnwys y brenin a chynrychiolwyr yr uchelwyr

siarter: dogfen yn rhestru hawliau a gofynion

silicosis, clefyd y llwch: clefyd a achoswyd gan anadlu i fewn llwch silica

siryf: swyddog wedi'i apwyntio i gadw cyfraith a threfn

teyrnasiad: cyfnod pan mae brenin neu frenhines yn rheoli'r wlad

tirfeddiannwr: perchennog tir

tirwedd: ffurf y tir

tloty: adeilad lle byddai pobl dlawd iawn yn mynd i fyw a lle byddent yn gorfod gweithio

tramffyrdd: cledrau lle dynnwyd certi neu wageni gan geffylau ar hyd iddynt

trapiwr: plentyn oedd yn agor y trapddorau mewn pwll glo ar gyfer y tramiau oedd yn cario'r glo

troi allan: taflu tenant allan o dŷ neu fferm

tyngu anudon: dweud celwydd dan lw

ucheldir: tir mynyddig, uchel

uchelgeisiol: yn anelu'n uchel

uchelwyr: y bonedd, y tirfeddianwyr – y bobl oedd yn berchen ar y tir

undebau llafur: gweithwyr yn uno er mwyn trafod cyflogau, oriau ac amodau gwaith

Ustus Heddwch: aelod o ddosbarth yr uchelwyr a oedd wedi cael ei benodi i fod yn gyfrifol am gyfraith a threfn

ymrafael: cwerylon hyd ymladd

Nodiadau i athrawon

1. Mae'r syniad o 'drobwynt' mewn hanes yn un o themâu'r llyfr hwn. I helpu disgyblion i ddeall y syniad hwn, rhoddwyd ymarfer ar ddechrau'r llyfr. Mae'r ymarfer yn ceisio gwneud y cysyniad yn berthnasol i brofiad y disgyblion eu hunain, ac nid yw'n ymwneud yn benodol ag unrhyw gyfnod neu destun hanesyddol.

2. Mae eiconau'r Criw Sgiliau Hanes yn cael eu defnyddio trwy'r llyfr i helpu disgyblion i ddeall sgiliau hanesyddol sylfaenol. Rhoddir yr wybodaeth am y cymeriadau ar dudalennau 7–9 a gellir cyfeirio ati i helpu i egluro'r sgiliau i'r disgyblion.

3. Lluniwyd dwy o benodau'r llyfr fel ymarferion 'darlun mawr' i geisio rhoi gorolwg o'r cyfnodau hanesyddol 1485–1760 a 1760–1914. Mae'r penodau hyn yn cynnwys llawer iawn o ddeunydd sy'n ffynonellau hanesyddol, ond maent wedi eu llunio fel ymarferion sy'n cyflwyno hyn a hyn o dystiolaeth ar y tro. Nid oes angen i bob disgybl ymwneud â'r holl dystiolaeth.

4. Mae penodau eraill y llyfr yn astudiaethau estynedig a'u bwriad yw darparu gwybodaeth a dealltwriaeth a gweithgareddau i ddisgyblion dros gyfres o wersi. Awgrymir gweithgareddau, gan gynnwys rhoi trefn ar gardiau, fel rhan o'r cynnwys, ond dylai fod modd i athrawon gyflwyno'r wybodaeth gan ddefnyddio dulliau o'u dewis eu hunain. Rhoddir manylion pellach am bob pennod isod, ac efallai y byddai'n ddefnyddiol darllen y rhain cyn cyflwyno'r bennod berthnasol yn yr ystafell ddosbarth.

RHAN 1 1485–1760

1.1 Sut le oedd Cymru i fyw ynddo rhwng 1485 a 1760?

Diben yr adran hon yw galluogi disgyblion i lunio darlun eang o fywyd yng Nghymru yn ystod y cyfnod 1485–1760. Y bwriad yw i'r disgyblion gael synnwyr o gyfnod hanesyddol yn hytrach na syniad am hanes fel cyfres o ddigwyddiadau a datblygiadau digyswllt.

Mae'r adran yn defnyddio detholiad o dystiolaeth ddarluniadol ac ysgrifenedig gyfoes. Mae wedi ei llunio fel bod disgyblion yn gwneud cyfres o dasgau sy'n eu cyflwyno'n gynyddol i dystiolaeth hanesyddol a materion cysylltiedig.

Nid yw'n fwriad i bob disgybl archwilio pob darn o dystiolaeth. Cânt eu cyflwyno i dystiolaeth ddarluniadol yn gyntaf ac yna i dystiolaeth ysgrifenedig yn ddiweddarach. Ar y cychwyn, mae'r tasgau wedi eu llunio ar gyfer gwaith grŵp fel y gall y disgyblion ddod yn 'arbenigwyr' ar wahanol themâu. Mae'r strategaeth wedi ei chynllunio i helpu datblygiad sgiliau llafar trwy drafod a chyflwyno'r wybodaeth yn ôl i'r dosbarth.

Mae'r tasgau'n datblygu o arsylwi a gwneud rhestrau i ysgrifennu paragraff ar sail nifer o ffynonellau.

Yn ogystal ag ennill gwybodaeth a dealltwriaeth hanesyddol, cyflwynir disgyblion i ffactorau sy'n pennu bod ffynonellau ar gael neu beidio a pha fath o ffynonellau fyddant. Cânt eu cyflwyno i'r syniad o gynnig awgrymiadau am y gorffennol ar sail yr wybodaeth sydd ar gael; dangosir hefyd sut y bydd haneswyr yn dethol ac yn cyfuno gwybodaeth o wahanol ffynonellau er mwyn ysgrifennu eu hadroddiadau eu hunain.

1.2 A ddylai Harri VII fod yn arwr i Gymru?

Yn yr adran hon rhoddir gwybodaeth i'r disgyblion am fywyd cynnar Harri VII hyd at ei fuddugoliaeth ar Faes Bosworth. Rhennir yr adran â chyfres o ymarferion byr i hwyluso dealltwriaeth ac annog y disgyblion i feddwl a hybu eu gallu i ofyn eu cwestiynau hanesyddol eu hunain.

Mae ail hanner yr adran yn edrych ar wahanol safbwyntiau am Harri a'r hyn a wnaeth dros Gymru. Mae'n edrych ar y rhesymau y byddai gan George Owen, uchelwr o oes Elizabeth, lawer o feddwl o Harri VII, a pham mae pobl eraill wedi anghytuno. Yn olaf, gofynnir i'r disgyblion farnu drostynt eu hunain. Gellir llungopïo'r datganiadau ar dudalen 42 a'u defnyddio mewn ymarfer gosod trefn.

1.3 Pam roedd cyfieithu'r Beibl i'r Gymraeg yn 1588 yn ddigwyddiad pwysig yn hanes Cymru?

Nod yr adran hon yw egluro'r rhesymau y cyfieithwyd y Beibl i'r Gymraeg yng nghyd-destun ehangach y Diwygiad Protestannaidd a digwyddiadau yn Ewrop. Mae nifer o gamau yn yr adran.

Mae rhan gyntaf yr adran yn egluro'r Diwygiad Protestannaidd a datblygiadau yng Nghymru a Lloegr hyd at flynyddoedd cynnar teyrnasiad Elizabeth.

Cynlluniwyd yr wybodaeth ar dudalennau 52 a 53 fel ymarfer trefnu cardiau a dylid llungopïo'r tudalennau hyn. Y nod yw rhoi gwybodaeth am gefndir Ewropeaidd digwyddiadau 1587–1588. Efallai y bydd athrawon yn dymuno datblygu peth o'r wybodaeth hon. Mae'r ymarfer yn rhoi gwybodaeth gefndir i helpu disgyblion i wneud cysylltiadau rhwng digwyddiadau yng Nghymru, Lloegr a Sbaen yn 1587.

Mae trydedd ran yr adran yn canolbwyntio'n fwy penodol ar gyfieithu'r Beibl i'r Gymraeg, a pham roedd hynny mor bwysig yn 1588. Rhoddir fframyscrifennu i'r disgyblion i'w helpu i fynegi eu dealltwriaeth.

Mae rhan olaf yr adran yn ystyried y rhesymau pam roedd cyfieithu'r Beibl yn ddigwyddiad o bwys yn hanes Cymru ac yn ceisio ei wneud yn berthnasol i ni heddiw.

RHAN 2 1760–1914

2.1 Sut newidiodd Cymru rhwng 1760 a 1914?

Mae diwyg a nod yr adran hon yn debyg i rai adran 1.1. Cyflwynir y disgyblion i dystiolaeth ddarluniadol ac ysgrifenedig o'r cyfnod 1760–1914 er mwyn creu gorolwg. Cânt eu hannog i ddod yn 'arbenigwyr' ar un thema arbennig a deall datblygiadau o fewn y thema yn ystod y cyfnod cyfan.

Mae pwyslais cryf ar newid o fewn yr adran, nid yn unig newid rhwng y dechrau a'r diwedd ond newid hefyd o fewn y cyfnod.

2.2 Pam roedd Cymru'n symud?

Mae'r adran hon yn canolbwyntio ar ran gynnar y bedwaredd ganrif ar bymtheg ac ar sut y cafodd bywydau ffermwyr gwledig eu trawsnewid pan symudodd y bobl hyn i weithio mewn ardaloedd diwydiannol. Adroddir yr hanes trwy brofiadau teulu dychmygol, ac yn arbennig un unigolyn sy'n gadael Môn ac yn y diwedd yn dod i Ferthyr Tudful i fyw a gweithio. Un dasg sy'n rhychwantu'r bennod gyfan yw llunio bywgraffiad y prif gymeriad hwn.

Mae'r adran yn cychwyn trwy egluro ffawd ffermwyr-denantiaid a llafurwyr ac mae'n mynd ymlaen i edrych ar ddatblygiad diwydiannau cynnar. Unwaith eto, awgrymir ymarfer 'jig-so' lle mae disgyblion yn edrych yn fanwl ar un diwydiant yn unig, ond yn cael gorolwg ar y diwydiannau eraill trwy wrando ar ganlyniadau gwaith disgyblion eraill.

Mae rhan olaf yr adran yn canolbwyntio ar fyw a gweithio ym Merthyr Tudful ac yn holi pam roedd pobl yn symud i ardaloedd diwydiannol a threfol a sut fywyd a gaent yno.

2.3 A oedd y Cymry'n rhai hoff o godi twrw yn y bedwaredd ganrif ar bymtheg?

Mae tasg benodol yn rhychwantu'r adran gyfan – llunio micro-lyfr sy'n crynhoi'r digwyddiadau yn yr adran ac yn gofyn i'r disgyblion ateb y cwestiwn 'mawr': A oedd y Cymry'n rhai hoff o godi twrw yn y bedwaredd ganrif ar bymtheg?

Mae rhan gyntaf yr adran hon yn cysylltu'r pwnc â chyfnod y disgyblion eu hunain a'i nod yw hyrwyddo eu dealltwriaeth o ddemocratiaeth.

Gellir llungopïo'r ymarfer ar dudalennau 124–6. Mae'n debyg mai'r ffordd orau o'i wneud fyddai fel ymarfer rhoi trefn ar gardiau.

Mae'r bennod yn mynd ymlaen i edrych ar bum digwyddiad o bwys – Terfysgoedd Merthyr, Terfysg Beca, Gwrthryfel y Siartwyr yng Nghasnewydd, Brad y Llyfrau Gleision ac etholiad cyffredinol 1868. Mae ymarferion ar wahân ar bob un o'r rhain, fel y gellid eu hastudio'n annibynnol pe dymunid gwneud hynny.

2.4 Sut roedd Cymru'n newid ar ddechrau'r ugeinfed ganrif?

Mae'r adran olaf yn edrych ar bedwar 'trobwynt' ar ddiwedd y bedwaredd ganrif ar bymtheg a dechrau'r ugeinfed ganrif. Gall disgyblion ystyried y rhain fel pynciau annibynnol, ond gyda'i gilydd maent yn cyfrannu at drafod beth oedd ystyr bod yn Gymro neu'n Gymraes ar y pryd, gan gyfrannu at un agwedd ar y Cwricwlwm Cymreig. Cysylltir y cwestiwn hefyd â phrofiad y disgyblion eu hunain.

Daw'r adran i ben ag ymarfer dehongli, sy'n gofyn i'r disgyblion ddethol darluniau i gynrychioli cyfnod hanesyddol.

Mynegai

171

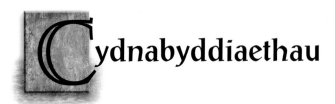 Cydnabyddiaethau

Gwnaed pob ymdrech i gysylltu â pherchenogion hawlfraint y deunydd a gyhoeddir yn y gyfrol hon, ond os oes unrhyw gais wedi'i hepgor bydd y cyhoeddwyr yn fwy na pharod i wneud y trefniadau angenrheidiol yn ddi-oed.

Lluniau

Hoffai'r cyhoeddwyr ddiolch i'r canlynol am ganiatâd i atgynhyrchu lluniau:

T = top, G = gwaelod, C = canol,
Ch = chwith, Dd = dde

Llun y clawr: *Trefforest Tinplate Works: Pickling and Annealing*, gan T. H. Thomas, 1874. Drwy ganiatâd Llyfrgell Genedlaethol Cymru.

Bodleian Library, 47T; Bridgeman Art Library, 16T, 31G; © British Coal Corporation, 149G; British Library, 60; © British Museum, 38TC, 96T; Canolfan Hanes a Chelfyddydau Butetown, 69G; Drwy ganiatâd caredig casgliad archif y John Lewis Partnership, 147T; Drwy ganiatâd y Pennsylvania Anthracite Heritage Museum, 148C; CADW, 5TDd, 15T, 16G, 19, 31TDd, 36T, 40GDd; Eglwys St Andrews, Llanandras, 18T; Eglwys y Santes Fair, Dinbych-y-pysgod, 18GDd; Drwy garedigrwydd WorldWideWales.tv, 160G; The Cuneo Estate, 106T; Amgueddfa ac Oriel Castell Cyfarthfa, 69T, 100T, 110C, 112T; ffotograff, 28T, 43; The Francis Frith Collection, 6GCh; © GKN a thrwy garedigrwydd Archifdy Morgannwg, 112G; The Guildhall Library, Corporation of London, 40; Archifau Gwynedd, 57G, 149C, 150, 156C; Harvington Hall, 58; Hulton Archive/Getty Images, 6GDd, 111T, 121TCh, 127; The Illustrated London News, 115, 116, 121GCh; Jeremy Lowe, 114CDd; © Manchester Art Gallery, 113C; Gwasanaethau Bwrdeistref Sirol Merthyr Tudful, 156G, 161T; Monumental Brass Society, 30G; Museum of London Picture Library, 4; Llyfrgell Genedlaethol Cymru, 6CCh, 21, 43Ch, 55GCh, 56, 57C, 68T, 71T, 74T, 74G, 76T, 76C, 76G, 78T, 79G, 80, 87, 88G, 94C, 95T, 95GCh, 99, 100G, 102T, 102GCh, 105C, 106G, 108, 109T, 113G, 114CCh, 116, 125, 130, 133T, 136, 140C, 147G, 148G, 154, 156, 157G, 159, 160TDd; National Motor Museum, 5G; Amgueddfeydd ac Orielau Cenedlaethol Cymru, 13Ch, 13GDd, 71C, 79G, 86T, 86G, 88C, 89, 95GDd, 102GDd, 109C, 110G, 109G, 119, 140G, 145C, 151C, 151G, 152G, 153Dd, 155GCh, 156T; National Portrait Gallery, 6, 30C, 31C, 33, 38TDd, 38GCh, 38GDd, 59; National Trust Photographic Library, 20T, 93; 13TDd, 94G, 20T, 20G; Amgueddfa ac Oriel Casnewydd 7, 65, 73G, 121GDd, 133G, 135T, 135G; Cerdyn post o eiddo'r diweddar F. Jones, 71G; Cyngor Sir Penfro, 31TCh, 46T; Photolibrary Wales, 43, 122, 123; Ymddiriedolwyr Castell Powis, 15G; Casgliadau preifat, 6CDd, 12, 41, 67; Comisiwn Brenhinol Henebion Cymru, 35, 64, 70; Rhondda Archive Photograph Series, 153Ch; Llyfrgelloedd Rhondda Cynon Taf, 46C, 105G; St Peter's Church, Selsey (J. Smith), 37G; Scottish National Portrait Gallery, 54; Shrewsbury Borough Museum, 36C; South Wales Argus, 132; Stewart Williams, Cardiff Yesterday, 142GCh, 155GDd; Stewart Williams, Old Aberdare and Merthyr Tydfil in Photographs, 111G, 112C; Stewart Williams / Cyril Batstone, Old Rhondda in Photographs, 145, 155C; Stowe School, Buckingham 37T; Amgueddfa Diwydiant a Môr Abertawe, 98; Topfoto/ Fotomas, 23, 29Dd, 36, 47G, 55GDd; Casgliad Prifysgol Cymru, Bangor, yn Amgueddfa Gwynedd, 68G; Archifau Undeb Rygbi Cymru, 157C; Gwasanaeth Archif Gorllewin Morgannwg, 79T; Williamson Art Gallery and Museum, 78

Arlunwaith

Gwnaed yr holl arlunwaith gwreiddiol gan Brett Breckon ac Olwen Fowler.

Dyfyniadau

Cafodd ffynonellau gwreiddiol eu cyfieithu neu eu symleiddio i Gymraeg modern lle yr oedd hynny'n angenrheidiol. Hoffai'r cyhoeddwyr ddiolch i'r canlynol am ganiatâd i ddefnyddio dyfyniadau o'u gwaith: Janet Davies (The Welsh Language: Pocket Guide), Russell Davies (Secret Sins), Peter Gaunt, Matthew Griffiths ('Land, Life and Belief, 1415–1642'), Gareth Elwyn Jones (Tudor Wales), ystad Beti Rhys, John Simkin (Wales in Industrial Britain).